Romantische Straße

Brigitte von Imhof

Über die Autorin

Als langjährige Reiseredakteurin hat die Münchnerin Brigitte von Imhof die Welt ausführlich kennengelernt. Doch kein noch so exotisches Paradies hat ihr je den Blick für die Reize ihrer Heimatregionen verstellt.

Karten & Pläne

Klappe vorne: Übersicht
Klappe hinten: Bahnland Bayern Streckennetz
Die Koordinaten in den Infokästen verweisen auf die herausnehmbare Straßenkarte, z. B. ▶ **Karte:** E 2

MERIAN *aktiv*

Inhalt

Nichts liegt näher!

Stadt-Land-Fluss für Entdecker und Genießer 8

66 Ideen für die freie Zeit

Der Norden

01 Museum im Kulturspeicher (Würzburg) 14
02 Nähcafé Edeltraud (Würzburg) 16
03 DAV Kletterzentrum (Würzburg) 17
04 Stadtstrand am Main (Würzburg) 18
05 Altstadtrundgang mit dem Turmwächter (Tauberbischofsheim) 20
06 Bauernhofmuseum Distelhausen (Tauberbischofsheim) 21
07 Der fränkische Main-Tauber-Radachter (Lauda-Königshofen) 22
08 Vintasticum – Verführung der Sinne (Lauda-Königshofen) 24
09 Übernachten im Weinfass (Bad Mergentheim) 26
10 Segway-Stadttouren (Bad Mergentheim) 28
11 Kartbahn Burgpark Ring (Bad Mergentheim) 29

52 Wanderung durch die Ammerschlucht (Peiting) 86
53 Pfaffenwinkler Milchweg (Rottenbuch) 88
54 Kajaktouren auf der Ammer (Rottenbuch) 90
55 Nordig-Walking-Touren um Wildsteig 92
56 Wildsteiger Künstler- und Handwerkermarkt 93

Der Süden

57 Auf dem Brettleweg zur Wieskirche (Steingaden) 94
58 Ponytrekking (Steingaden) 96
59 Heilpflanzengarten (Steingaden) 97
60 Buchinger Herbstfest mit Viehmarkt (Halblech-Buching) 98
61 Tandemflug über die Königsschlösser (Halblech-Buching) 100
62 Klettersteig-Lehrpfad am Tegelberg (Schwangau) 102
63 Museum der bayerischen Könige (Hohenschwangau) 104
64 Baumkronenweg (Füssen) 106
65 Krimiführungen »Seegrund« am Alatsee (Füssen) 107
66 Busradeln und Buswandern 108

Gut zu wissen

Veranstaltungskalender 112
Praktisches und Wissenswertes 116
Quickfinder – alle Tipps auf einen Blick 120
Lesetipps 124
... zu guter Letzt 126

Impressum 128

Romantische Straße – nichts liegt näher!

Sankt Coloman und das nahe gelegene Schloss Neuschwanstein bilden den spektakulären südlichen Abschluss der Romantischen Straße.

Stadt-Land-Fluss für Entdecker und Genießer

In den 1950er-Jahren eine Ferienstraße zu »erfinden« war sicher kein Erfolg versprechendes, sondern ein höchst utopisches Unterfangen. Wer hatte damals schon ein Auto? Und welche ausländischen Touristen wollten in einem Land Urlaub machen, das mit dem kaum bewältigten Nazi-Terror assoziiert wurde? Doch die Initiatoren dieser kühnen Idee setzten in der amerikanischen Besatzungszone des viergeteilten Deutschland ihre Hoffnung auf einen aus Übersee einsetzenden Touristenstrom. Ihre Rechnung sollte aufgehen. Die Amerikaner kamen in Scharen, es folgten Fans aus Japan – und schließlich aus dem eigenen Land. Alle wollten diese Ferienstraße kennenlernen, die zwischen Main und Alpen Bilderbuch-Städte und zauberhafte Landschaften wie auf eine Perlenkette auffädelt.

Längst zählen die 28 Orte entlang der Romantischen Straße mit rund fünf Millionen Übernachtungen und 23 Millionen Tagesbesuchern pro Jahr zu Deutschlands beliebtesten Attraktionen – von stolzen Städten mit ehrwürdiger Historie wie Würzburg und Augsburg über mittelalterliche Bilderbuchorte wie Rothenburg ob der Tauber, Dinkelsbühl oder Feuchtwangen bis hin zu

Ob Romantik auf winterlichen Weihnachtsmärkten oder beim Anstoßen mit Frankenwein aus dem Bocksbeutel oder beim Essen mit vielen regionalen Spezialitäten wie den berühmten g'schabten Spätzlen – dies alles erwartet den Reisenden an der Romantischen Straße.

kleinen charmanten Dörfern. Auf der Strecke liegen weltbekannte Highlights wie die Wieskirche oder Schloss Neuschwanstein, die auf der Liste der Top-Sehenswürdigkeiten Deutschlands ganz oben zu finden zu sind.

400 km Schönheit auf Schönheit

Die Romantische Straße präsentiert eine Kostbarkeit nach der anderen: Mittelalterliche Städte mit intakten Stadtmauern, Wehrtürmen und Toren, barocke Wallfahrtskirchen, romanische Klöster und die zu Stein gewordenen Träume des bayerischen Märchenkönigs gehören ebenso dazu wie wildromantische Flusstäler und beschauliche Fischweiher, bäuerliche, über Generationen gewachsene Kulturlandschaften, Weinberge, schattige Wälder, ein urzeitlicher Meteoritenkrater, die Postkartenszenerie des Voralpenlands und das majestätische Panorama der Ammergauer Alpen. Reisende werden auf der 400 km langen Strecke mit den schönsten Schätzen belohnt, die Franken, Schwaben und das Allgäu zu bieten haben. Gekrönt wird dieser Ausbund an Liebreiz von einem reichhaltigen kulinarischen Angebot, das sich wie ein appetitlich duftender, wohlschmeckender Faden durch dieses Stadt-Land-Fluss-Ensemble zieht. Für deutsche Besucher ist die Romantische Straße eine lebendige Bestätigung der alten Weisheit: Warum in die Ferne schweifen, wenn das Gute liegt so nah?

Ein einmaliger Service für die Nutzer der Romantischen Straße und wichtigstes Bindeglied zwischen den Orten und Regionen ist der Bus: Von

April bis Oktober verkehrt der »Romantic Road Coach« entlang der Strecke in beide Richtungen. Bei Stopps etwa in Bad Mergentheim, Rothenburg, Dinkelsbühl, Nördlingen oder Augsburg kann man sich ein wenig die Beine vertreten und den Zauber dieser Altstadtkerne inhalieren. Nach vorheriger Reservierung befördern die Busse auch Fahrräder. So kann man bequem den Ausgangspunkt der Reise wieder erreichen oder einzelne Streckenabschnitte bei Bedarf überspringen – etwa wenn man sich einmal eine sportliche Pause gönnen will oder das Wetter nicht mitspielt. Wer individuelle Rad- oder Wandertouren bucht, kann neben der Unterbringung in gemütlichen Gasthäusern und Hotels den Gepäcktransport zur nächsten Tagesetappe, eine Pannen-Notfallnummer und den Rücktransfer samt Rad und Gepäck zum Ausgangsort mit dem Bus in Anspruch nehmen. Zur genauen Orientierung sind zudem die GPS-Daten für die Strecke kostenlos erhältlich.

Fahren, Radeln, Wandern

Man kann die Romantische Straße mit dem Auto, Motorrad oder dem Wohnmobil erschließen. Es gibt über 30 Camping- und/oder Wohnmobilplätze über die Route verteilt. Absolut im Trend liegen Radreisen. Die abwechslungsreiche Route erfordert keineswegs die Kondition eines Radprofis: Kein Gebirge muss überquert werden, erst im Pfaffenwinkel, dem südlichen Abschnitt der Route, warten einige Bergetappen, die aber auch von Freizeitradlern problemlos zu meistern sind. Oder man schiebt sein Rad ein Stück bergauf. Wer mit einem E-Bike unterwegs ist, braucht sich über Streckenprofile und Höhenmeter ohnehin nicht den Kopf zu zerbrechen.

Die Radfahrer lernen idyllische Flusstäler kennen: Tauber, Sulzach, Wörnitz und Lech sind die bekanntesten, in Donauwörth wird die noch junge Donau überquert. In Franken geht es auf Waldwegen vorbei an Fischteichen, im Allgäu an idyllischen Voralpenseen – und das alles auf kaum befahrenen Landstraßen und oder einsamen Wegen abseits des Durchgangsverkehrs. Die Gasthöfe sind bestens auf die Radfahrer eingerichtet, die meisten bieten abschließbare Unterstellplätze für die Drahtesel. Tagesetappen von 40 bis 60 km sind ideal. So bleibt Zeit für die Sehenswürdigkeiten, etwa imposante Schlösser, Kirchen mit Altären, Puppenstuben-Orte und natürlich hochverdiente kulinarische Stopps.

Und dann gibt es noch das Ultra-Erlebnis Weitwandern – spätestens seit dem Jakobsweg-Boom sind sol-

Von Würzburg aus geht es gen Süden. Tilman Riemenschneider, hier im Brunnen der Residenz, begegnet uns da bald schon wieder.

che Marathon-Wanderungen gefragt wie nie. Der Gesamtweg entlang der Romantischen Straße ist relativ neu erschlossen, teilt sich einige Abschnitte mit anderen bekannten Wanderwegen wie z. B. dem Main-Donau-Weg. Es geht durch gewachsene Kulturlandschaften, sanfte Höhen, Flusstäler und deren Nebentäler und immer wieder Weiler, Dörfer, Orte und Städte. Stück für Stück und Schritt für Schritt nähert man sich den Alpen. Erlebnisse, Erkenntnisse und Euphorie gibt es im Übermaß, das Unternehmen bedeutet weit mehr als eine sportliche Leistung – und man muss nicht auf den Anblick von Schloss Neuschwanstein warten, um sich wie ein wahrer König zu fühlen!

Vorbild für alle Welt

Sogar international hat die Romantische Straße Nachahmer gefunden: So konnten in Japan, Korea, Vietnam und Brasilien Straßen nach dem deutschen Vorbild ihrer Bestimmung übergeben werden. Aber nichts geht über das Original. Und es besteht auch überhaupt keine Gefahr für die Romantische Straße, aus der Mode zu kommen. Sie war zur Zeit des Wirtschaftswunders genauso »in« wie während der flippigen Sixties, der Yuppie-Kultur aus den Achtzigern oder der heutigen Social-Media-Welt der www-Generation. Was beweist, dass in unserer Zeit – und sei sie noch so hektisch – immer Platz für Romantik ist.

66 Ideen für die freie Zeit an der Romantischen Straße

Im Süden der Romantischen Straße
locken die Allgäuer Berge zu Touren
über Stock und Stein.

1 Museum im Kulturspeicher

Moderne **Kunst** und spannende Innovationen in einem ehemaligen **Hafenspeicher**

Es war einmal ein Lagerspeicher am Alten Hafen in Würzburg ... Heute beherbergt das über 100 Jahre alte denkmalgeschützte Gebäude das »Museum im Kulturspeicher«. Im Jahr 2002 fertiggestellt, zeigt es auf rund 3500 qm Kunst vom 19. Jh. bis zur Gegenwart – Werke aus Romantik, Biedermeier, Impressionismus, Expressionismus sowie der heutigen Zeit. Die Präsentation wird neben Wechselausstellungen durch die über 250 Exponate umfassende Sammlung »Peter C. Ruppert. Konkrete Kunst in Europa nach 1945« ergänzt, mit Künstlern wie Max Bill, Günter Fruhtrunk, Victor Vasarely. Zur Sammlung gehören auch sich bewegende Kunstwerke, Lichtobjekte, Zufallsbilder und vom Computer entwickelte Kunst. Zudem beherbergt das Museum die Städtische Sammlung der ehemaligen Galerie mit dem Nachlass der in Würzburg geborenen Bildhauerin Emy Roeder. Sie galt als Meisterin des expressionistischen Bronzegusses.

Allein die Architektur macht das moderne Museum zum Erlebnis. 160 m Länge auf drei Stockwerken lassen das Museum am Mainufer aussehen wie einen überdimensionalen Schokoriegel. Neben dem Museum, das den Großteil des Kulturspeichers einnimmt, lebt der Komplex auch durch Einrichtungen wie das Restaurant Lumen, den Tanzspeicher oder die renommierte Kabarettbühne »Bockshorn«, wo

- **Karte:** B1
- **Wo:** Oskar-Laredo-Platz 1, Würzburg, Tel. 0931/ 322250
- **Wann:** Di 13–18 Uhr, Mi 11–18 Uhr, Do 11–19 Uhr, Fr, Sa, So und Feiertage 11–18 Uhr
- **Wie viel:** 3,50 €, Kinder 6–14 J. 1,50 €, Schüler ab 15 J. 2 €, Familienbox 2 €
- **Essen und Trinken:** Café-Restaurant MS Zufriedenheit im Museum
- **Web:** www.kulturspeicher.de
- **Sonstiges:** »Kunstaperitif zum Feierabend«, 20-Min.-Kurzführung jeden 1. Do im Monat um 18 Uhr

schon Stars wie Michael Mittermeier, Urban Priol oder Django Asül ihr Publikum begeistert haben. Im rückseitigen Hafenbecken ankert seit 2007 auch das vom Würzburger Kunstverein betriebene Kunstschiff »Arte Noah«.

Viel Beifall für innovative Ideen erhält das Museum für die Familienbox Op-Art. Die Box enthält unterschiedliche didaktische Materialien, um zehn ausgewählte Werke der Op-Art aus der Sammlung Peter C. Ruppert gemeinsam spielerisch kennenzulernen: ein Memo-Spiel mit Bildern von Bridget Riley, bunte Magnete, die ein Kunstwerk von Jésus Rafael Soto ergeben, u. a. Zusätzlich erhält jedes Familienmitglied eine kostenlose Broschüre mit Anregungen zum kreativen Gestalten und Informationen zu den Künstlern. Wer mit der Welt der Kunst nicht so vertraut ist: Op-Art oder optische Kunst ist eine Stilrichtung der 1960er-Jahre, die mithilfe abstrakter Formmuster und geometrischer Farbfiguren beim Betrachter überraschende oder irritierende oder optische Effekte erzeugt.

2 Nähcafé Edeltraud

Bei **Kaffee** und leckeren Kuchen treffen Hobby-**SchneiderInnen** nette Leute

»Nähen ist das neue Stricken«, so bringen die Lifestyle-Magazine den neuen Do-it-yourself-Trend auf den Punkt. Kein Wunder, dass das Würzburger Nähcafé Edeltraud begehrte Anlaufstelle für all jene ist, die Freude am Nähen und sonstiger Handarbeit haben. Dass man dabei Gleichgesinnte kennenlernt, ist ein willkommener Nebeneffekt. Diverse Nähmaschinen, Zuschneidetisch, Bügelstation und leckere Kaffeespezialitäten warten auf die Gäste. Die Nähmaschinen werden pro Stunde angemietet, Zuschneidetisch, Bügelstation, Nähzubehör und Kurzwaren können ebenfalls von Besuchern des Cafés genutzt werden. Im Edeltraud sind auch Nähexperten anwesend, die jedem mit Rat und Tat zur Seite stehen. Kaffee und hausgemachte Kuchen sorgen fürs leibliche Wohl der Kreativen im Edeltraud.

- **Karte:** B1
- **Wo:** Frankfurter Str. 41, Würzburg, Tel. 0931 / 99110958
- **Wann:** Di–Sa 12–20 Uhr, So 14–18 Uhr
- **Wie viel:** Tageskurs 26 € (mit Leihmaschine 32 €), 3-Tages-Kurs 75 € (85 €), Kinderkurse ab 4 Std. 32 €
- **Essen und Trinken:** Café- und Kuchenspezialitäten im Edeltraud
- **Web:** offizielle Facebook-Seite: www.facebook.com/NahcafeEdeltraud
- **Sonstiges:** Im Angebot sind auch Männer-Nähkurse

3 DAV Kletterzentrum

Fit für die Alpen machen sich Anfänger und Profis im Würzburger Kletterzentrum

Nichts ist unmöglich: Klettern ist zwar schwierig, aber keine Hexerei. Im 1740 qm großen DAV Kletterzentrum in Würzburg kann man sich Tritt für Tritt und Griff für Griff dem Abenteuer im Fels nähern. Knapp 200 Routen in den unterschiedlichsten Schwierigkeitsgraden wurden von professionellen Routenbauern in den Wänden kunstvoll eingeschraubt.

Anfänger machen ihre ersten Klettererfahrungen, die weiter Fortgeschrittenen toben sich dann in den anspruchsvolleren Wandbereichen aus. Sogar eine Speedkletterwand wurde in die Anlage integriert. Für Kinder gibt es Einsteigerkurse, die den Weg zu einer großen Kletterliebe ebnen.

- **Karte:** B1
- **Wo:** Weißenburgstr. 55, Würzburg, Tel. 0931/780 125 10
- **Wann:** ganzjährig
- **Wie viel:** Tageskarte 14,50 €, Ermäßigung für DAV-Mitglieder, Kinder bis 14 J. in Begleitung eines Erwachsenen frei
- **Essen und Trinken:** Bistro im Eingangsbereich
- **Web:** www.kletterzentrum-wuerzburg.de

4 Stadtstrand am Main

Copacabana-Feeling in Würzburg mit Bungee-Jumping und Salsatanzen

Man muss gar nicht auf den nächsten Urlaub am Meer warten, um sich wie ein Beach Boy oder ein Beach Girl zu fühlen. Direkt am Mainufer werden über 500 Tonnen Sand auf einer Fläche von 2500 qm verteilt und sorgen den ganzen Sommer über für echte Strandatmosphäre. Mit einer Länge von 175 m und Platz für ca. 1000 Besucher ist der Stadtstrand auch gleichzeitig einer der größten Biergärten Würzburgs.

Hier kann man im Klappstuhl sitzen und die Füße in den Sand stecken und den wunderschönen Blick auf die Festung Marienberg und das Kapuzinerkloster Käppele genießen. Das ist herrlich entspannend – aber

- **Karte:** B1
- **Wo:** Ludwigkai 3, Würzburg, Tel. 0931/7903340
- **Wann:** Mitte April–Mitte Sept., 11–23 Uhr
- **Essen und Trinken:** Stadtstrand-Restaurant mit bayerischer und mediterraner Küche
- **Web:** www.stadtstrand-wuerzburg.de
- **Sonstiges:** immer Mi 19–20 Uhr bei guter Witterung Salsakurs für Anfänger, 3 €

auf Dauer vielleicht etwas zu meditativ. Schließlich ist am Stadtstrand jede Menge Spaß und Action zum Mitmachen und Zuschauen geboten. Bungee-Jumping etwa, das bei Zuschauern selbst vom Boden aus für rasenden Puls und Höhenangst-Beklemmungen sorgt. Von einer Absprunggondel über dem Main, die an einem 60 m hohen Autokran hängt, springen die Adrenalinjunkies mit einem Gummiseil an den Füßen in die Tiefe. Bei schönem Wetter wird mittwochs Salsa getanzt. Nach dem Salsakurs für Einsteiger steigt die Latin-Party, bei der die DJs die heißesten Salsa-, Merengue- und Bachata-Hits auflegen. Südamerikanisch geht es auch bei den Zumbakursen zu, dem angesagten Fitness-Trend, der mit fetzigen Rhythmen punktet. Drei Cocktailbars und ein Restaurant mit gehobener regionaler Küche runden die Attraktionen ab und machen den Stadtstrand auch ohne Sport-Spaß-Programm zu einem coolen Hangout. Übrigens: Die Idee ist gar nicht neu, es gab hier schon um 1900 ein städtisches Freibad.

5 Altstadtrundgang mit dem Turmwächter

119 Stufen in Tauberbischofsheim

Zum Kennenlernen der bezaubernden Altstadt Tauberbischofsheims stehen einige Führungen zur Auswahl, darunter eine historische mit dem Turmwächter, der im Mittelalter eine bedeutende Rolle spielte. Er warnte vor Gefahren von außerhalb, hielt Feuerwache und verkündete die Zeit nach dem Stundenglas. »Seid gegrüßt, werte Gäste«, beginnt er mit Hellebarde, Laterne und Dreispitz seine Tour. Höhepunkt ist die Besteigung der 119 Stufen des Türmersturms des Schlosses aus dem 13. Jh. Das Wahrzeichen Tauberbischofsheims ist der einzig erhaltene Wachturm der alten Stadtbefestigung.

- **Karte:** A2
- **Wo:** Vor dem Rathaus, Tourist-Information, Tel. 09341 / 80333
- **Wann:** Mai–Ende Sept., 20 Uhr
- **Wie viel:** 4 €, Kinder bis 16 J. 2 €
- **Essen & Trinken:** Badischer Hof, Am Sonnenplatz, Tauberbischofsheim, Tel. 09341 / 9880, www.hotelbadischerhof.de
- **Web:** www.tauberbischofsheim.de
- **Sonstiges:** Kinderführungen mit Turmbesteigung

6 Bauernhofmuseum Distelhausen

Harte Zeiten: So **lebten** und **arbeiteten** die Bauern vor 150 Jahren

Es lässt sich erahnen, wie hart und entbehrungsreich das Leben und die Arbeit auf einem Bauernhof früher waren. Die Bauern mussten ohne unsere heutige moderne Technik auskommen, alles funktionierte mit einfachen Maschinen und Geräten und viel mühevoller Handarbeit. Einen Einblick in das bäuerliche Leben der letzten 150 Jahre vermittelt das Bauernhofmuseum Distelhausen, in dem die Besitzer rund 5000 Exponate zusammengetragen und liebevoll arrangiert haben. Die ehemaligen Getreidespeicher bergen heute eine Fülle von Geräten wie Traktoren, Eggen, Pflüge oder Lastschlitten. Werkzeuge, Arbeitsgeräte und Gebrauchsgegenstände führen vor Augen, wie die Bauern früher ihren Alltag meisterten.

- **Karte:** A2
- **Wo:** Bundesstr. 53, Distelhausen (nahe Brauerei)
- **Wann:** Besuch nach Terminvereinbarung bei Berthold Hollerbach, Tel. 0 93 41 / 84 86 89
- **Wie viel:** 2,50 €
- **Essen & Trinken:** Distelhäuser Brauerei, Grünsfelder Str. 3, Distelhausen, Tel. 0 93 41 / 80 50, www.distelhaeuser.de
- **Web:** www.bauernhofmuseum-distelhausen.de

7 Der Fränkische Main-Tauber-Radachter

Mit dem **Fahrrad** in zwei riesigen Schleifen die herrlichen Flusslandschaften **erkunden**

Intensiver lässt sich eine schöne Gegend kaum erleben als auf dem Fahrrad. Gerade Flusslandschaften eignen sich für solch genussvolle Radwandertouren, da es kaum Steigungen gibt. Immer noch ein Geheimtipp unter Radwanderern ist der Fränkische Main-Tauber-Radachter. Wie der Name schon sagt, ist die Strecke in zwei große Schleifen eingeteilt, den sogenannten Ostring und den Westring. Der komplette Achter summiert sich zu rund 400 km, inklusive der Alternativrouten sind es sogar 555 km. Auf dem Westring ist man hauptsächlich in Baden-Württemberg unterwegs. Im Odenwald warten auch einige Steigungen, bevor man es in Richtung Main bergab laufen lassen kann. Der östliche Teil des Radwegs führt an Main und Tauber entlang auf dem Gaubahnradweg. Lauda-Königshofen liegt an der Schnittstelle beider Ringe und ist somit idealer Ausgangs- und Zielpunkt der mehrtägigen Radtouren. Der Westring ist etwa 152 km lang und führt von Lauda-Königshofen über Buchen, Miltenberg und Wertheim. Die Ostring-Route führt nach Weikersheim, Ochsenfurt (oder über Creglingen-Rothenburg), weiter nach Würzburg und Gemünden (mehrere Alternativrouten) und Marktheidenfeld. Beide Ringe sind als fünftägige Touren konzipiert, erlauben jedoch größtmögliche Flexibilität.

- **Karte:** A2
- **Wo:** 394 km lange Strecke auf Abschnitten des Maintal- und Taubertal-Radwegs entlang
- **Essen & Trinken:** zahlreiche Einkehrmöglichkeiten an der Strecke; in Lauda-Königshofen: Gasthof Goldener Stern, Pfarrstr. 23, Lauda, Tel. 0 93 43 / 12 71, www.goldener-stern-lauda.de
- **Web:** www.lauda-koenigshofen.de
- **Sonstiges:** »Bikeline« Rad-Reiseführer »Main-Tauber-Fränkischer Rad-Achter« (10,90 €, Verlag Esterbauer) ist ein wertvoller Wegbegleiter.

Der Radachter bietet reichlich Gelegenheit, das liebliche Taubertal zu erleben mit seinen köstlichen Weinen, kulinarischen Spezialitäten, abwechslungsreichen Landschaften, mittelalterlichen Orten, wunderschönem Fachwerk, Schlössern und Burgen. Überwiegend geht es auf Radwegen und Landwirtschaftswegen dahin. Nur vereinzelt führt die Strecke auf wenig befahrene Landstraßen. Die lückenlose Beschilderung der Route lässt den Radler nie lange zweifeln, wo's langgeht.

Die Hotels und Pensionen entlang der Strecke sind perfekt auf die Bedürfnisse der Radwanderer eingestellt. In gutbürgerlichen Restaurants darf man sich am Ende des Tages für die Mühen des Strampelns belohen. Radwanderer können die Etappenziele und die Unterkünfte vorab buchen. Wer sich nicht auf bestimmte Tagesetappen festlegen will, kann problemlos auf eigene Faust losziehen. Mit gutem Info- und Kartenmaterial im Gepäck lässt sich die Wunschroute individuell planen. So braucht man sich nicht unter Zeitdruck setzen zu lassen, wenn unterwegs ein Schloss zum längeren Verweilen einlädt, ein historischer Altstadtkern etwas intensiver erkundet werden will oder eine lauschige Gartenwirtschaft zu einem Extrastopp einlädt.

8 Vintasticum – Verführung der Sinne

Die etwas andere **Tour** durch Reben und Keller des **Weinguts** Benz

Den Wein fühlbar und erlebbar zu machen – das steckt hinter dem einzigartigen Konzept »Vintasticum«. Eine Stunde lang werden bei einer Führung durch Reben und Keller alle Sinne angesprochen, ganz neue Perspektiven tun sich auf. So sieht man Reben von unten, findet sich in einem roten Weinkeller wieder und hat Gelegenheit, den Wein zu fühlen. Viel mehr will Corina Benz, die Tochter des Hauses und »Erfinderin« des Vintasticums, nicht verraten, um die Besucher nicht um den Überraschungseffekt zu bringen.

Das Weingut der Familie Benz liegt außerhalb des Ortes Beckstein mitten in den Reben. In einem Seitenarm des Taubertals finden die Winzer alles vor, was man für einen guten Wein braucht: pure Natur, Weitblick, Ruhe. Das Weingut liegt

zwar in Baden, doch gedeihen auf steinigen Muschelkalkböden neben dem Burgunder die typisch fränkischen Rebsorten-Klassiker besonders gut. So ist der Wein in dieser Region auch der einzige außerhalb Frankens, der im Bocksbeutel abgefüllt werden darf. Die gestrengen Tester des Gault Millau befanden: »Die gesamte Winzerfamilie rund um Hubert Benz hat sich einen guten Namen für kräftige Silvaner und Grauburgunder gemacht. Auch dichte Rotweine aus Tauberschwarz und Spätburgunder gelingen regelmäßig gut.« Die besonderen Lagen sind der Oberschüpfer Herrenberg und der Königshöfer Turmberg, außerdem wachsen benzsche Weine am Becksteiner Kirchberg und dem Unterschüpfer Mühlberg. Mit dem neuen Weinhotel gibt es für Weinfreunde jetzt auch die Möglichkeit, mitten in den Reben zu nächtigen.

- **Karte:** A2
- **Wo:** Weingut Benz, Im Walterstal 1, Lauda-Königshofen, Ortsteil Beckstein, Tel. 09343/4523
- **Wann:** Vintasticum ganzjährig, jeweils Sa um 16 Uhr (Anmeldung bis 14 Uhr); Weingut geöffnet Di–Fr 8–18 Uhr, Sa 9–16 Uhr, So 10–12 Uhr
- **Wie viel:** 10 € inkl. 3 Weinverkostungen
- **Essen & Trinken:** regionale Gastronomie im Weinhotel Benz, Tel. 09343/998
- **Web:** www.weingut-benz.de
- **Sonstiges:** Im Weinshop gibt es neben Wein auch hochwertige Edelbrände.

9 Übernachten im Weinfass

»Fass-zinierendes« Schlaferlebnis im Jakobshof Lehr

Die Region um Bad Mergentheim wartet mit einer wahrhaft originellen Übernachtungsmöglichkeit auf: Im Jakobshof Lehr in Markelsheim können Gäste im Weinfass einchecken. Genauer gesagt, besteht die Unterkunft aus zwei übergroßen 8000-Liter-Fässern, wovon eines zum Schlafen dient und das andere mit einem Wohnbereich sowie Sanitäreinrichtungen ausgestattet ist. Das lauschige Quartier steht mitten in den Weinbergen und bietet einen umwerfenden Blick auf das Taubertal. Auf die Fassbewohner warten zur Begrüßung ein Vesperkorb und zwei Flaschen Wein – der richtige Platz für eine romantische Auszeit zu zweit.

Die Idee zu den Schlaffässern hatte die Familie Lehr, die Besitzer des Jakobshof Lehr. Der landwirtschaftliche Betrieb wird seit dem 17. Jh. von Generation zu Generation weiter-

- **Karte:** A2
- **Wo:** Bachgasse 3, Bad Mergentheim-Markelsheim, Tel. 0 79 31 / 29 59, mobil: 01 60 / 96 24 43 08
- **Wann:** ganzjährig
- **Wie viel:** 159 € für 2 Personen (inkl. Getränke, Vesper und Frühstückskorb)
- **Web:** www.jakobshof-lehr.de
- **Sonstiges:** An manchen Terminen besteht die Möglichkeit, im Weinberg zu frühstücken.

geführt. Schon seit geraumer Zeit haben Conny und Thomas Lehr ihren Weinbergfahrten »Hoch auf dem gelben Wagen« einen Erfolg gelandet. Begleitet von einem Akkordeonspieler, geht es auf Panoramafahrten durch die Weinberge in der Umgebung, wo die Gäste Wissenswertes und Unterhaltsames über die Grundlagen der Arbeit im Weinberg und die Rebsorten in der Region erfahren. Der Praxistest lässt nicht lange auf sich warten: In einem Pavillon über den Weinbergen werden bei frischem, selbst gebackenem Speck-Zwiebelbrot vier Weine der Weingärtner Markelsheim verkostet (Preis pro Person: 25 Euro). Und noch eine Aktion hat dem Jakobshof viele Anhänger beschert: Bei der Aktion »Frühstück auf dem Bauernhof« öffnen die Lehrs und drei weitere Bauernfamilien im Main-Tauber-Kreis an verschiedenen Sonntagen (man findet die Termine auf der Website) im Jahr ihre Höfe. Jung und Alt sind herzlich eingeladen, die einheimische Landwirtschaft und ihre Lebensmittelproduktion genussvoll zu erleben.

10 Segway-Stadttouren

Flotte Segway-Sause durchs schöne Bad Mergentheim

Segway heißen die witzigen Einpersonen-Vehikel, auf denen man sich flink wie ein Wiesel durch die Stadt fortbewegen kann. Die etwa eineinhalb- bis zweistündige Tour auf dem wendigen Elektrofahrzeug startet am Deutschordenschloss. Mit dem Guide geht es in flottem Tempo durch den hochherrschaftlichen Kurpark auf den Taubertal-Radweg in Richtung Igersheim und Markelsheim, von dort die Weinberge hinauf auf dem Weinlehrpfad von Markelsheim, wo sich ein traumhafter Blick über das Taubertal öffnet. Vorbei am Wildpark Bad Mergentheim, dem artenreichsten Wild- und Haustierpark Europas, führt der Weg wieder hinab ins Tal und zurück in die Stadt. Zum Abschluss der Tour erkunden die Segway-Piloten noch Gassen und Plätze der geschichtsträchtigen Stadt. Die Teilnehmer benötigen einen gültigen Mofa- bzw. Kfz-Führerschein.

- **Karte:** A2
- **Wo:** Treff und Start am Deutschordenschloss
- **Wann:** ganzjährig
- **Wie viel:** Mo–Fr 69 €, Wochenende und Feiertage 74 €
- **Web:** www.segtrail.de
- **Sonstiges:** Teilnehmer müssen einen gültigen Mofa- oder Kfz-Führerschein besitzen.

11 Kartbahn Burgpark Ring

Mit **6,5 Pferdestärken** auf den Spuren von Sebastian Vettel

Fast alle großen Formel-1-Helden haben auf der Kartbahn angefangen. Burgpark Ring wäre so ein Karrieresprungbrett. Doch die meisten Besucher setzen sich zunächst einmal aus Spaß an der Freud hinter das Lenkrad eines 6,5 PS starken Karts und »heizen« über die 400 m lange Strecke. Elf Kurven verlangen taktisches Geschick und Feingefühl, auf der 80 m langen Geraden sind bis zu 60 km/h drin. Nach jedem Rennen wird ein detailliertes Rundenprotokoll ausgedruckt, für die Fahrer gibt es noch eine Einzelzeitanzeige an der Strecke, außerdem hängen sowohl im Zuschauerraum als auch im Bistro LCD-Monitore. Für Kinder stehen spezielle Karts mit 4 PS zur Verfügung.

- **Karte:** A2
- **Wo:** Beim Braunstall 11, Bad Mergentheim, Tel. 07931/562646
- **Wann:** Mo–Fr 17–23 Uhr, Sa 14–23 Uhr, Sonn- und Feiertage 11–23 Uhr
- **Wie viel:** verschiedene Tickets, von 10 Min (13 €) – 60 Min (56 €), Kinderkart 10 Min (8–13 J.) 10 €
- **Essen & Trinken:** Bistro
- **Web:** www.kartbahn-mgh.de
- **Sonstiges:** im Angebot u. a. Happy Hour und Ladies Day

12 Schlosstour für »Vater und Sohn«

Wie die **Fürsten** einst erzogen wurden, erfährt man auf **Schloss Weikersheim**

Schloss Weikersheim gilt als das schönste der Schlösser in Hohenlohe. Eindrucksvoll ist die perfekte Erhaltung der gräflichen Residenz und seiner Umgebung. Glanzpunkt ist der barocke Schlossgarten mit seiner Blumenpracht, den Brunnen und über 50 steinernen Statuen – die Zwerge, Gottheiten und Putten, Sinnbilder der Winde und der Elemente darstellen. Der Vergleich mit dem Schlossgarten von Versailles hinkt keineswegs. Unter Graf Wolfgang II. entwickelte sich Schloss Weikersheim im 16. Jh. von der Wasserburg zum Renaissanceschloss mit prachtvollen Innenräumen, die samt ihrer Einrichtung

vollständig erhalten geblieben sind. Die kunstvolle Kassettendecke des Rittersaals mit Jagdszenen in jedem Bildfeld und die lebensgroßen Tierplastiken aus Stuck spiegeln den Glanz der Festsäle jener Zeit wider. Neben den regulären Schlossführungen finden auch spezielle Touren statt, z. B. »für Väter und Söhne«. Sie lernen dabei, wie einst Erbprinz Albrecht Ludwig Friedrich von Hohenlohe (1716–44) in Schloss Weikersheim erzogen wurde, welche Ausbildung er genoss, welche Werte er vermittelt bekam und wie er diese an seine eigenen Kinder weitergab. Interessant werden diese Ausführungen durch einen Vergleich mit der Erziehung innerhalb der Künstler- und Handwerkerfamilie Sommer, die zur selben Zeit auf Schloss Weikersheim lebte. Die Sommers schufen über mehrere Generationen die Möbel für das Schloss, aber auch die Steinfiguren im Schlossgarten. Der Kreis schließt sich, wenn der Schlossführer bei Philipp Fürst zu Hohenlohe-Langenburg anlangt, dem gegenwärtigen Oberhaupt des Adelsgeschlechts Hohenlohe-Langenburg – einem Cousin von Prinz Charles von Großbritannien. Vater und Sohn erfahren, wie er aufwuchs und wie seine drei Kinder erzogen werden. Damals wie heute gilt der Grundsatz: Adel verpflichtet.

- **Karte:** B2
- **Wo:** Marktplatz 11, Weikersheim, Tel. 07934/9929 50
- **Wann:** mehrere Termine übers Jahr verteilt (Informationen auf der Website)
- **Wie viel:** 8 €, 4 € Kind, 7,20 € pro Pers. bei Sondergruppen
- **Web:** www.schloss-weikersheim.de
- **Sonstiges:** Beim großen Märchenfest Ende September bevölkern bekannte Märchengestalten das Weikersheimer Schloss.

13 Nordic Walking

- **Karte:** B2
- **Wo:** 5 verschiedene Touren rund um Weikersheim
- **Wann:** ganzjährig
- **Web:** www.liebliches-taubertal.de

Fünf Routen im »Vital Parcours«

Wie wäre es mit der »Teufelsroute«? Oder doch lieber etwas Harmloseres? Fünf Routen unterschiedlicher Länge und Schwierigkeitsgrade stehen den Nordic Walkern im Weikersheimer »Vital Parcours« zur Auswahl. Er wurde als 44. Nordic Fitness Park offiziell in die vom Deutschen Nordic Walking Verband (DNV) geführte Liste zertifizierter Parks für diese gesundheitsfördernde Trendsportart aufgenommen. Er ist der erste im Main-Tauber-Kreis, sein Routennetz zieht sich um den Winterberg und um den Ortsteil Laudenbach.

Die Einordnungen in die Kategorien leicht, mittel oder anspruchsvoll ist neben der Streckenlänge vor allem vom Streckenprofil abhängig. So gilt es beispielsweise, auf der schwarzen, also schwierig eingestuften »Teufelsroute« auf sieben Kilometern 252 Höhenmeter zu überwinden. Auf einer Technikroute werden mittels Schautafeln den Einsteigern die Grundlagen des sportlichen Gehens mit den Stöcken näher gebracht. Übersichtstafeln befinden sich an den Routeneinstiegen am Parkplatz Tauberwiese und am Laudenbacher Sportplatz.

14 Auf dem Sonnenuhren-Weg

In Röttingen **lernt** man, wie die **Schattenzeiger** wirklich funktionieren

So ganz generell versteht man ja das Prinzip der Sonnenuhr. Gnomon nannten die Griechen das astronomische Instrument in Form eines senkrecht in den Boden gesteckten Stabs. Aus diesen antiken Schattenzeigern sind im Laufe der Jahrhunderte verschiedene Typen von Sonnenuhren hervorgegangen. Und genau diesem Thema widmet sich der Sonnenuhrenweg in Röttingen. 25 verschiedene Exemplare sind hier zu bestaunen, alle gebaut von dem inzwischen verstorbenen Gnomontiker Kurt Fuchslocher. Die Uhren stehen, liegen, hängen entlang eines zwei Kilometer langen Rundwegs. Dabei erschließt sich dem Besucher die Vielgestaltigkeit dieser Zeitmesser. Wer aber etwas fundierter in die Welt der Sonnenuhren eintauchen will, kann sich einer Führung anschließen. Selbst wenn die Sonne mal nicht scheint, kann man dabei viel Interessantes erfahren über das älteste Zeitmessverfahren der Welt. Höchste Zeit!

- **Karte:** B2
- **Wo:** Tourist-Information, Marktplatz 1, Röttingen, Tel. 0 93 38 / 97 28 55
- **Wann:** ganzjährig
- **Essen & Trinken:** Heckenwirtschaft Fries, Herrnstr. 18, Röttingen, Tel. 0 93 38 / 4 13, www.winzerfamiliefries.de
- **Web:** www.roettingen.de
- **Sonstiges:** Der Sonnenuhren-Weg eignet sich auch als Ausgangspunkt für Ausflüge für die ganze Familie.

15 Weinmuseum auf Burg Brattenstein

Die Geschichte des Weinanbaus in Franken – **überraschend** und **spannend**

Die Geschichte des Taubertals und ganz Frankens ist untrennbar mit dem Weinanbau verbunden. Schon im 9. und 10. Jh. breitete er sich rasch aus, was schon bald zur Einführung des sogenannten »Weinzehnts« führte, einer Zwangsabgabe in Form des gekelterten Weins, mit denen kirchliche und weltliche Herren vom Erfolg der Weinbauern profitieren wollten. Im Taubertal wurden die ersten Weinberge nachweislich im Jahr 1103 angelegt und wuchsen in den folgenden Jahrhunderten auf rund 14 000 ha Anbaufläche. Dies und vieles mehr erfahren Besucher des Weinmuseums Röttingen auf Burg Brattenstein. Besucher erhalten Informationen zu Geschichte und Entwicklung des Weinbaus dieser Region, zu Rebsorten, Geologie, Anbaumethoden, Häckerarbeiten, Lese, Kelter, Reifung, Abfüllung – und natürlich über die Freude am Weintrinken. Im großen Gewölbekeller erzählen Röttinger Winzer von der Arbeit im Weinberg und Keller und worauf es bei der Lagerung des Weins ankommt. Welche typischen Rebsorten werden in Röttingen angebaut? Was ist ein Bocksbeutel? Antworten gibt es in

der Empore des Museums mit ungewöhnlichen Ausstellungsstücken.
Als Ergänzung zum Weinmuseum wurde ein Museumsweinberg angelegt, in dem eine ursprüngliche Art des Weinanbaus ohne jegliche Pestizide und komplett von Hand von ehrenamtlichen Mitarbeitern praktiziert wird. Aus den Trauben wird ein gemischter Satz gewonnen. Eine Kostprobe gehört beim Museumsbesuch selbstverständlich mit dazu.
Burg Brattenstein hat selbst eine spannende Vergangenheit. Der einstige Sitz der Herren zu Hohenlohe war Durchgangslager für Kriegsflüchtlinge und beherbergte später eine Kleidungsfabrik. Seit 1984 ist die Burg zudem Schauplatz der bekannten Frankenfestspiele.

- **Karte:** B2
- **Wo:** Lagerweg, Röttingen, Tel. 0 93 38 / 97 28 55
- **Wann:** 1. Mai–31. Okt., Sa, So und Feiertag jeweils von 13.30–17 Uhr, zusätzliche Öffnung nach Vereinbarung
- **Wie viel:** Eintritt frei
- **Web:** www.roettingen.de
- **Sonstiges:** Auf Burg Brattenstein finden auch die traditionsreichen Frankenfestspiele statt.

16 Übernachten in der historischen Schäferei

Und die **Kinder** schlafen in einem alten **Schäferkarren**

1976 sollte das seit 66 Jahren unbewohnte Schäferhaus wegen Einsturzgefahr abgerissen werden. Zum Glück übergaben die »Schäfereibauern« von Frauental dann das Gebäude aber einem Studenten mit der Auflage, es zu sanieren. Es sollten dennoch viele Jahre vergehen, bis die Historische Schäferei Wasser- und Stromversorgung erhielt. Die heutigen Besitzer (deren Großeltern schon als Pächter der Schäferei 1920 nach Frauental gekommen waren) haben die Schäferei, die wahrscheinlich Mitte des 16. Jh. erbaut worden sein dürfte, umgebaut und darin vier Ferienwohnungen untergebracht, mit Schlafzimmern, großem Gemeinschaftsraum, mit Küche und einem Wellnessbereich – natürlich unter Einhaltung strenger Denkmalschutz-Auflagen. Kinder dürfen sich besonders freuen: Sie können in einem der drei Schäferkarren übernachten, die zu Schlafplätzen ausgebaut wurden.

Das Dorf Frauental selbst geht auf das 13. Jh. zurück. 1232 hatten die Herren von Hohenlohe hier ein Nonnenkloster errichtet, in dessen Umgebung der Ort entstand. Die Schäferei ist der ideale Standort, um die schöne Umgebung rund um Creglingen und die Sehenswürdigkeiten kennenzulernen. Dazu gehört natürlich die weltberühmte Herrgottskirche mit dem Marienaltar von Tilman Riemenschneider. Sie liegt in der Stille des Herrgottstals, etwa einen Kilometer südlich von Creglingen. Äußerlich stellt das Bauwerk eine einmalige Leistung fränkischer Gotik dar. Neben anderen wertvollen gotischen Kunstwerken befindet sich inmitten der Kirche ein bedeutender Schnitzaltar von Tilman Riemenschneider, der Creglingen und die Herrgottskirche in der internationalen Kunstwelt zu einem festen Begriff gemacht hat. Die Herrgottskirche gehört auch zu den historischen Stadtrundgängen durch Creglingen. Viele Sehenswürdigkeiten warten auf eine Besichtigung: der Faulturm, das Jüdische Museum, das Lindleinturm-Museum, das Romschloss, das Lenksche Haus, das Alte Rathaus, das Alte Schulhaus (das heutige Rathaus), die Historische Apotheke, der Pfarrhof, der Schlosshof, der Schlossbäck, der Jüdische Friedhof, das Fingerhutmuseum ...

- **Karte:** B2
- **Wo:** Frauental 37, Creglingen, Tel. 09842/97930
- **Wann:** ganzjährig
- **Wie viel:** 99 € pro Nacht für bis zu 4 Pers. 3 Tage Mindestmietdauer
- **Web:** www.historische-schaeferei.de
- **Sonstiges:** In Zusammenarbeit mit dem Winzerhof Stahl gibt es die Möglichkeit einer Weinprobe in der Hirtenstube.

17 Keltisches Oppidum Finsterlohr-Burgstall

Hoch über Creglingen **erhebt** sich eine Befestigungsanlage aus **spätkeltischer** Zeit

Die Kelten lebten einst in ganz Europa. Von Anatolien bis nach Irland hinterließen sie Spuren ihrer hohen Kultur. Sie bauten Städte und führten Handel, doch schriftliche Überlieferungen sind rar gesät. Die aussagekräftigsten Zeugen der Lebensweise der Kelten sind die Ausgrabungen. Und somit leistet das Oppidum Finsterlohr einen wertvollen Beitrag, den Gepflogenheiten des keltischen Alltags auf die Spur zu kommen.

Das keltische Oppidum von Finsterlohr-Burgstall gehört mit einer Ausdehnung von 123 ha und dem gut erhaltenen Wall zu den größten und interessantesten Befestigungsanlagen aus spätkeltischer Zeit in Deutschland. Eingebettet in eine herrliche Landschaft, lassen sich beim Besuch der Festung Natur- und Kulturgenuss hervorragend verbinden. Auf sechs Stationen umreißt der etwa 2,5 km lange Archäologische Lehrpfad die Anlage in ihrer gesamten Funktion.

Wie haben die Kelten gelebt? Die berühmtesten (fiktiven) Kelten, Asterix und Obelix, haben uns suggeriert, dass die Hauptnahrung aus zu erjagenden Wildschweinen bestand. Tatsächlich aber reichte der Wildbestand bei Weitem nicht aus, um die steigende Anzahl der Kelten satt zu bekommen. Die keltische Wirtschaft basierte auf Ackerbau und Viehzucht. Auf kleinen umzäunten Äckern wurden vor allem Getreide und Hülsenfrüchte angebaut. Zu ihren Mahlzeiten gab es als Getränk u. a. das bierähnliche Cervesia. Man vermutet, dass die Kelten das Brauen beherrscht haben. Start des Lehrpfads ist das Infozentrum, wo Besucher grundlegende Informationen über das Oppidum und seine keltischen Erbauer erhalten. Gleich in der Nähe gelangt man zum Keltenhaus, das 2011 mit tatkräftiger Unterstützung durch Jugendliche vom »Projekt Chance« aus Frauental/Creglingen rekonstruiert wurde. Dieser Haustyp wurde im Oppidum

- **Karte:** B2
- **Wo:** Finsterlohr
- **Wann:** Führung nach Vereinbarung, Tel. 0 98 65 / 4 97
- **Essen & Trinken:** Gasthaus Grüner Baum, Finsterlohr Nr. 35, Creglingen, Tel. 0 79 33/78 25, www.gasthaus-finsterlohr.de
- **Web:** www.kelten-creglingen-finsterlohr.de

von Manching bei Ingolstadt vorgefunden.

Station 1 ist die Fundstelle mittelsteinzeitlicher Werkzeuge, hier geht es um die Geschichte des Plateaus in vor- und nachkeltischer Zeit. An Station 2 zeigt die teilweise rekonstruierte Pfostenschlitzmauer die ursprüngliche Konstruktion der heute nur noch als Wall erhaltenen Befestigung. Auf einer Tafel bei Station 3 werden das Münzwesen des mittelmeerischen und keltischen Kulturraums sowie die geschichtliche Bedeutung der keltischen Sprache erläutert. Station 4 manifestiert das »Alte Tor«, das noch im Gelände zu erkennen ist. Anhand der archäologischen Befunde lässt sich die ursprüngliche Toranlage gut zurückverfolgen. Von Station 5, wo die Anlage im Osten geschützt war, hat man einen besonders schönen Blick in das steil abfallende Taubertal. An Station 6 beim »Alten See« werden die bisherigen Erkenntnisse zur Innenbebauung des Oppidums sowie vergleichbarer Anlagen veranschaulicht. Zwei Tafeln an der Straße nach Burgstall geben allgemeine Informationen zur Anlage und dem dort gut erhaltenen und noch sichtbaren Wall. Der archäologische Lehrpfad ist für Spaziergänger geeignet, für Rad- und Rollstuhlfahrer jedoch nur eingeschränkt befahrbar.

18 Fingerhutmuseum

In Creglingen kommen die **kleinen** Nähhelfer **groß** heraus

Wer Fingerhüte bisher für einen reinen Gebrauchsgegenstand gehalten hat, wird beim Besuch des einzigartigen Fingerhutmuseums bei Creglingen staunen. Gegründet wurde es 1982 aus dem Nachlass der Gebrüder Gabler. Ihrem Vorfahr, dem schwäbischen Silberschmied Ferdinand Gabler, war es gelungen, eine Einwalzmaschine für Fingerhüte zu konstruieren, die seine Manufaktur zum Weltmarktführer machte. Heute sind rund 4000 Fingerhüte, Werkzeuge und Nähutensilien aus aller Welt, vom Altertum bis zur Neuzeit, zu bewundern.

- **Karte:** B2
- **Wo:** Kohlesmühle 6, 1 km außerhalb von Creglingen (gegenüber der Herrgottskirche), Tel. 079 39/3 70
- **Wann:** 1. Apr.–31. Okt. Di–So 10–12.30 Uhr und 14–17 Uhr, 1. Nov.–31. März 13–16 Uhr
- **Wie viel:** 2 €, 0,50 € Schüler bis 15 J., 4,50 € Familien
- **Web:** www.fingerhutmuseum.de

19 Rundgang mit dem Nachtwächter

Witziges und Spannendes aus dem Mittelalter

Fundiertes Wissen, Charisma und viel Humor zeichnen den Rothenburger Nachtwächter aus, wenn er mit seinen Gästen durch die Gassen der Altstadt zieht. Mit seinen Anekdoten fesselt er Jung und Alt. Dabei räumt er mit so manchen verklärten Vorstellungen auf, die viele Menschen vom Mittelalter haben. Die Nachtwächter, die es in Rothenburg bis 1920 gab, hatten die Aufgabe, für Ruhe und Sicherheit innerhalb der Stadtmauern zu sorgen. Kein ungefährlicher Job, hatten sie es doch immer wieder mit Dieben, Betrunkenen und lichtscheuem Gesindel zu tun. Immer wenn die Turmuhr zur vollen Stunde schlug, gaben sie mit dem Horn Signal und riefen dann laut ihren Nachtwächter-Ruf, wobei es stündlich ein anderes Lied gab. So wussten die Bürger, dass alles in bester Ordnung ist.

- **Karte:** B2
- **Wo:** Treffpunkt Marktplatz vor dem Rathaus (ohne Anmeldung)
- **Wann:** Mitte März–Ende Dez., ab 21.30 Uhr
- **Wie viel:** Erw. 6 €, Schüler ab 12 J. 3 €
- **Web:** www.tourismus.rothenburg.de
- **Sonstiges:** Die Tour findet auch täglich in englischer Sprache statt.

20 Im Heißluftballon über das Taubertal

Abheben und **sanft** durch die Lüfte **gleiten** – ein Erlebnis, das süchtig macht!

Für die meisten Menschen ist allein der Anblick eines Heißluftballons faszinierend, wenn er hoch über dem Boden sanft durch die Lüfte fährt und im Sonnenlicht glänzt. Man kommt kaum umhin, diejenigen Glücklichen, die im Ballonkorb die Landschaft aus der Vogelperspektive genießen, zu beneiden. In der Gegend über Rothenburg ob der Tauber und dem lieblichen Taubertal wird eine Ballonfahrt zu einem ganz besonderen Erlebnis.

Seit 1987 verhilft Georg Reifferscheid mit seinem Unternehmen Happy Ballooning seinen Kunden zu diesem himmlischen Vergnügen. Der ehemalige Kriminalhauptkommissar ist nicht nur selbst ein erfahrener Ballonpilot, sondern bildet an Deutschlands größter Ballonfahrerschule auch Heißluftballon-Kapitäne aus. Gestartet wird von einer Wiese bei Detwang unterhalb von Rothenburg. Jeder Handgriff muss sitzen, die Gäste dürfen beim Auslegen des Ballons mithelfen, gewinnen so Vertrauen in Material und Mannschaft. Das Prinzip des Ballonfahrens ist schnell erklärt: Die auf rund 100 Grad erhitzte Luft im Ballon ist leichter als die kalte der

Umgebung. Genug, um den Korb plus Insassen nach oben zu heben. Es ist ein eindrucksvoller Prozess, wenn der Ballon aus 1200 qm gegen UV-Strahlung beschichtetem Nylon durch ein Gebläse aufgebläht wird, damit der Brenner in Aktion treten kann. Langsam, mit steigender Temperatur richtet sich der Ballon zu majestätischer Größe auf. Der Korb wird aufgestellt, Befestigungen werden überprüft, dann dürfen die Passagiere – fünf plus Pilot – einsteigen. Noch hält das Bodenteam den Korb fest, bis der Brenner aufröhrt und der Ballon in die Luft steigt. Ab jetzt übernimmt der Wind die Regie, bestimmt Fahrtrichtung und Geschwindigkeit. Nur die Höhe kann der Pilot beeinflussen. Sanft und angenehm steigt der Ballon, ständig ändern sich die Perspektiven. Hier oben ist es vollkommen windstill, denn der Ballon fährt ja mit dem Wind. Der Korb gibt zuverlässige Sicherheit, und selbst Ängstliche stellen fest, dass sie kein bisschen Höhenangst haben. Ballonfahren ist bei guten Bedingungen zu jeder Jahreszeit zu empfehlen. Im Frühjahr, wenn die Rapsfelder leuchten, im Sommer, wenn die Natur in voller Blüte steht, im Herbst mit seinen verfärbten Wäldern oder im Winter, wenn das verschneite Taubertal in der tief stehenden Sonne glitzert. Die Ballonfahrt ist ein ideales Geschenk, und immer wieder kommt es vor, dass in 1000 m Höhe einer um die Hand der Liebsten anhält.

- **Karte:** B2
- **Wo:** Happy Ballooning, Spitalgasse 19, Rothenburg ob der Tauber, Tel. 09861/87888
- **Wann:** April–Okt.
- **Wie viel:** 190 € für ca. 90 Min. Ballonfahrt. Ab 3 Pers. je 185 €, ab 5 Pers. je 180 €
- **Web:** www.happy-ballooning.de
- **Sonstiges:** wetterfeste Kleidung und festes Schuhwerk erforderlich; oft wird in einem Acker gelandet

21 Rothenburger Kriminalmuseum

Spannende Ausstellung über **Recht, Strafe** und **Folter** in früherer Zeit

Wer redensartlich kleinere Brötchen bäckt, macht sich nach heutigem Verständnis nicht strafbar. Anders im Mittelalter: Da kam so mancher Bäcker in erhebliche Schwierigkeiten, wenn seine Backwaren nicht dem für die Stadt festgesetzten Gewicht entsprachen: Zur Strafe wurde er in einen Käfig gesperrt und zur »Bäckertaufe« mehrmals in einen Fluss, See oder die örtliche Jauchegrube getaucht. Der ausgestellte Käfig samt Aufhängung lässt ahnen, dass diese Maßnahme für den Bäcker alles andere als spaßig gewesen sein muss.

Das Mittelalterliche Kriminalmuseum ist das größte Rechtskundemuseum in Deutschland und mit weit über 100 000 Besuchern im Jahr eine der Top-Attraktionen in Rothenburg. Auf mehr als 3500 qm machen knapp 2000 weltliche und geistliche Urkunden, Bilddokumente, Bücher und Gegenstände die Rechtsgeschichte der vergangenen 1000 Jahre begreifbar. Die Folterinstrumente und Strafvollzugsgeräte zeugen von der inhumanen Strafpraxis früherer Zeiten. Gleichwohl ist das Museum kein »Gruselkabinett«. Profunde Hintergrundinformationen geben Auskunft, warum unsere Vorfahren über so viele Jahrhunderte an Folter und Todesstrafen festhielten. Auch Mittel für Schand- und Ehrenstrafen, wie z. B. Pranger, manchmal auch geradezu skurrile Schandmasken, Lastersteine, Trin-

- **Karte:** B2
- **Wo:** Burggasse 3, Rothenburg ob d. Tauber, Tel. 09861/5359
- **Wann:** tägl., Jan.–Feb. und Nov. 14–16 Uhr, März 13–16 Uhr, April 11–17 Uhr, Mai–Okt. 10–18 Uhr, Dez. 13–16 Uhr
- **Wie viel:** 5 €, Kinder und Schüler ab 6 J. 3 €
- **Essen & Trinken:** Hotel Eisenhut, Herrngasse 3–5/7, Rothenburg, Tel: 09861/7050, Hotel-Gasthof Sonne, Hafengasse 11, Rothenburg, Tel: 09861/2166
- **Web:** www.kriminalmuseum-rothenburg.de

kertonnen oder Doppelhalsgeigen für streitende Ehepaare sind zu bestaunen. Was hatte es mit der Eisernen Jungfrau von Nürnberg auf sich oder den ausgestellten Keuschheitsgürteln? Neben päpstlichen Bullen sind auch Siegel – in der europäischen Geschichte elementar für Rechtsurkunden und Urteile – Teil der umfangreichen Ausstellung sowie Herrschafts- und Justizsymbole, z. B. ein kurfürstliches Staatsschwert oder kunstvoll gearbeitete Gerichtsstäbe. Einen Schwerpunkt legt das Museum neben der Hexenverfolgung auch auf Randgruppen wie Scharfrichter, Räuber und Diebe. Für die jährlich mehr als 50 000 Kinder und Schüler gibt es zudem einen Bereich über Schulstrafen, der zeigt, dass auch die Schulzeit früher alles andere als lustig sein konnte.

22 Flugvorführung im Fürstlichen Falkenhof

Greifvögel zum Greifen nah auf Schloss Schillingsfürst

Greifvögel sind faszinierende, majestätische Tiere. Auf Schloss Schillingsfürst haben die Haltung und Ausbildung von Raubvögeln Tradition. Im Fürstlichen Falkenhof lassen sich bei täglichen Vorführungen die Flugkünste von Bussarden, Falken, Adlern, Uhus und Geiern eindrucksvoll beobachten. Die Geier hören auf die Namen Arthur und Bubi und sind die Lieblinge der Kinder. Wer sich eingehender für die Vögel interessiert, kann bei einem Schnuppertag (täglich außer Montag, Preis 50 Euro) den Falknern bei der Arbeit mit den Tieren zusehen.

- **Karte:** B3
- **Wo:** Am Wall 14, Schillingsfürst, Tel. 09868/201 (Kasse) und 0160/5492899 (Falknerei)
- **Wann:** tägl. geöffnet, außer Mo., von 10.30–17 Uhr, Flugvorführung 11 und 15 Uhr
- **Wie viel:** 8 €, 5 € Kinder 6–16 J., 19 € Familienkarte
- **Essen und Trinken:** Schlosscafé Schillingsfürst, Am Wall 10, Schillingsfürst, Tel. 09868/7406
- **Web:** www.falkenhof-schillingsfuerst.de

23 Historische Ochsentretanlage

Das Brunnenhausmuseum im Schloss

- **Karte:** B3
- **Wo:** Brunnenhausweg 25, Schillingsfürst, Tel. 0 98 68 / 58 89
- **Wann:** 1. Apr.–31. Okt., Di–Fr 9.30–12 Uhr und 14.30–17 Uhr, Sa, So und Feiertag 13–18 Uhr
- **Wie viel:** 3 €, Kinder bis 6 J. frei, ab 6 J. 1 €
- **Essen und Trinken:** Die Post, Rothenburger Str. 1, Schillingsfürst, Tel. 0 98 68 / 95 00
- **Web:** www.brunnenhausmuseum.de

Jeder kennt Ausdrücke wie Pferdestärke (PS) oder Ottomotor. Doch was hat es mit dem Ochsenmotor auf sich? Es ist der Grund dafür, dass Schloss Schillingsfürst schon vor über 300 Jahren zu fließendem Wasser kam. Schlossherr Graf Philipp Ernst I. zu Hohenlohe-Waldenburg wollte sein Anwesen upgraden und ließ sich im Jahr 1702 von dem Brunnenmeister Martin Löhner die geniale Idee einer modernen Wasseranlage unterbreiten. Schwierig, denn das Schloss war der höchste Punkt, somit konnte auch kein Wasser herabfließen.

Die physikalischen Prinzipien von schiefer Ebene und Hebel waren der Schlüssel zu einem Muskelkraftmotor, der die anspruchsvollen Wünsche des Grafen erfüllen sollten. Im 1,5 km entfernten Brunnenhaus, wo nebenan die Quelle sprudelte, mussten Ochsen das Pumpwerk über eine schräg gelagerte Tretscheibe in Gang setzen. Mit dieser einzigartigen Ochsentretanlage wurde das Wasser über hölzerne Rohrleitungen bis zum Schloss geführt. Im Brunnenhaus des Schlosses ist dieses Technikkuriosum zu besichigen. Beweis der Qualität der Konstruktion: Die Maschine aus Holz und geschmiedetem Eisen funktioniert immer noch perfekt, auch wenn sie 1920 außer Dienst gestellt wurde. Das Museum gibt zudem Einblick in die Wohnkultur des 18. Jh. und zeigt traditionelle Handwerkskunst.

24 Zu Pferde zwischen Main und Donau

Feuchtwangen liegt im Herzen der Region, wo **Ross** und **Reiter** Naturgenuss erleben

Wanderreiten gehört zu den umweltfreundlichsten und erlebnisreichsten Arten des Reisens und gilt als die älteste Form der Nutzung des Pferdes durch den Menschen. Der Naturgenuss steht dabei im Vordergrund, aber auch das harmonische Miteinander von Mensch und Tier.

Immerhin entscheidet ihr beider Wohlergehen über das Ankommen am Ziel. Mittelfranken zwischen Main und Donau ist ein Eldorado für Wanderreiter, das Netz aus Reitwegen ist bestens erschlossen. Die Routen sind nicht verbindlich vorgegeben, und keine Fülle von Verboten steht dem Entfaltungsdrang im Wege. Bei den Touren hoch zu Ross bleiben aber auch kulinarischer Genuss, Kultur und Historie nicht auf der Strecke. Die mittelalterlichen Städte und Städtchen entlang der Strecke laden die Reiter zu einem Ortsbummel ein. Übernachtet wird beim Wanderreiten unter freiem Himmel, beim Bauern, in Zelten oder auf Pferdehöfen, die Unterkunftsmöglichkeiten für Pferd und Reiter bieten. Das Gepäck wird entweder auf dem Reitpferd in Satteltaschen vor und hinter dem Sattel transportiert oder auf einem mitgeführten Packpferd. Es setzt ein gut ausgebildetes, gehorsames und verkehrssicheres Pferd voraus, fördert

- **Karte:** B3
- **Wo:** mehrere Reiterhöfe in Feuchtwangen und Umgebung, z. B. Wanderreiterstützpunkt Stegmüller, Tel. 0 98 52 / 41 65, www.pferde-unser-leben.de; Reitanlage Jessica Schenk, Tel. 01 60 / 90 72 78 37, www.reitanlage-schenk.de; Reiterhof Rolf Unkel, Krobshäuser Mühle, Tel. 0 98 52 / 24 89
- **Wann:** ganzjährig
- **Web:** www.wanderreiten-franken.de

aber auch dessen Selbstständigkeit und erlaubt dem Reiter dadurch die intensivste »Zwiesprache« mit seinem Reittier. Wer das gesamte Gebiet mit seinem Pferd einmal umrunden will, ist bis zu 30 Tage unterwegs und findet nahezu unbegrenzte Reitmöglichkeiten. Es geht durch eine sanfte Hügellandschaft mit weichen Wiesenwegen und immer wieder tollen Ausblicken in die die weite Landschaft.

Die Region ist mit einem Netz von rund 130 überprüften Reitstationen durchzogen. Sie bieten den Reitern und ihren Pferden eine komfortable Unterkunft und regionale kulinarische Spezialitäten. Speziell geschulte und qualifizierte Wanderreitführer und Reittourenplaner stellen sicher, dass man die abwechslungsreichen Naturschönheiten ohne Organisationsstress in vollen Zügen genießen kann.

Verleihpferde können ebenso gebucht werden wie der Gepäcktransfer für Wanderritte oder der Pferdetransport. Die Wanderreitstationen bieten unterschiedliche Pakete für Wanderreiter an, sie arbeiten für ihre Gäste individuelle Routen aus oder stellen leihweise GPS-Geräte zur Verfügung.

25 Angeln am Hofweiher

Heimische Fische für die **Petrijünger**

Gasthäuser mit gutbürgerlichen Spezialitäten gibt es in der Region um Feuchtwangen reichlich. Wer bei der Zusammenstellung seiner Mahlzeit lieber selbst aktiv werden möchte, kann dies am Hofweiher in Thürnhofen tun, 5 km östlich von Feuchtwangen. In dem 1,4 ha großen, in eine wunderschöne Wald- und Wiesenlandschaft gebetteten Gewässer tummeln sich die prächtigsten Waller, Zander, Hecht, Schleien, Karpfen, Grasfisch, Wels, die Petrijünger mit einem mit gültigem Fischereischein selbst angeln können. Der Hofweiher gehört zur Gaststätte Zum Grünen Wald, einem Familienbetrieb, der für seine typisch fränkischen Schmankerl bekannt ist, etwa Karpfenfilet, fränkischer Sauerbraten oder fränkische Bratwürste. Die Pension bietet auch Übernachtungsmöglichkeiten sowie Stellplätze für Wohnmobile.

- **Karte:** B3
- **Wo:** Hofweiher im Ortsteil Thürnhofen (außerhalb von Feuchtwangen)
- **Wann:** Mai–Mitte Okt.
- **Wie viel:** Tageskarte 5 € (Fischereischein nötig)
- **Essen & Trinken:** Gaststätte Zum Grünen Wald, Thürnhofen 28, Feuchtwangen, Tel. 09855/97970
- **Web:** www.braeutigam-pension.de/angel
- **Sonstiges:** Stellplätze für Wohnmobile am Weiher

26 Stadtrallye für Kinder

Sport, Spiel, Spannung: **Unterhaltsam** lernen **Kinder** Feuchtwangen kennen

Was war früher in der Schranne? Welcher Kaiser jagte der Sage nach in dieser Gegend und wurde so zum Gründer der Stadt? Was befand sich in alten Tagen in dem Fachwerkhaus, in dem sich heute eine Eisdiele befindet? Diese und 22 weitere Fragen gilt es zu beantworten, wenn Kids bei der Stadtrallye kreuz und quer durch Feuchtwangen unterwegs sind. Der unterhaltsame Rundgang beginnt an zwei Brunnen, und hier wartet auch schon die erste Frage. Auch harte Nüsse sind leicht zu knacken, wenn man die Augen offen hält. Alle Fragen können anhand von Inschriften, Tafeln oder ähnlichem in der Stadt auf eigene Faust gelöst werden. So macht Sightseeing Kindern Spaß, ist lehrreich und weckt auch noch sportlichen Ehrgeiz. De Stadtrallye ist übrigens nicht »exklusiv« Kindern vorbehalten, sondern eignet sich auch als spielerische Tagesunternehmung für die ganze Familie

- **Karte:** B3
- **Wo:** 25 Stationen im Ortszentrum, Tourist Information Feuchtwangen, Marktplatz 1, Tel. 0 98 52 / 904 55
- **Wann:** ganzjährig
- **Wie viel:** kostenlos
- **Web:** www.feuchtwangen.de

27 Wandern nach Segringen

Zur **Mutterkirche** und ihrem **einzigartigen** Friedhof

Wenn der Friedhof das Ziel ist, muss es sich schon um eine besondere letzte Ruhestätte handeln. Beim Friedhof von Segringen ist das der Fall. Zwei Kilometer westlich von Dinkelsbühl gelangt der Wanderer in das uralte Pfarrdorf, das auf einem schmalen Bergsporn liegt. Schon von Weitem sieht man die markante Mutterkirche, mit deren Bau am Ende des 12. Jh. begonnen wurde. Der dazugehörige Friedhof zeichnet sich durch die Einheitlichkeit der Grabmäler aus. Es sind identische schwarze Holzkreuze, die mit Blattgold verziert sind. Sie stammen aus den Jahren 1800 bis 1820. Am schönsten ist der denkmalgeschützte Friedhof im Frühjahr, wenn mit dem Palmsonntag alle Gräber in den verschiedensten Farben der Stiefmütterchen leuchten.

- **Karte:** B3
- **Wo:** vom Altstadtkern Dinkelsbühl nach Segringen mit der Mutterkirche und dem Friedhof (ca. 10 km hin und zurück)
- **Wann:** bei geeigneter Witterung ganzjährig
- **Essen & Trinken:** in Segringen Gasthaus Dollinger, www.gasthaus-dollinger.de, Tel. 0 98 51/ 28 09; Gasthaus Klein, www.gasthaus-klein.de, Tel. 0 98 51/27 23
- **Web:** www.dinkelsbuehl.de

28 Fisch-Ernte-Woche

Wenn sich in **Dinkelsbühl** alles um den **Karpfen** dreht

Seit jeher ist die Region um Dinkelsbühl eine der großen bayerischen Karpfen-Hochburgen. Wenn jedes Jahr im Spätherbst die Weiher abgefischt werden – Fisch-Ernte genannt – ist Dinkelsbühl startklar für die Fisch-Ernte-Woche, bei der sich alles um wohlschmeckende Karpfen, Zander, Waller und andere einheimische Fische dreht. Der Ort hat eine Fisch-Ernte-Pauschale aufgelegt, die zwei Übernachtungen, Schmankerlessen, ein Fisch-Gourmetmenü und die Teilnahme an verschiedenen Veranstaltungen enthält.

- **Karte:** B3
- **Wo:** Altstadt und die Fischweiher in der Umgebung, Infos Touristik Service Dinkelsbühl, Altrathausplatz 14, Tel. 09851/902440
- **Wann:** jedes Jahr Ende Okt.
- **Wie viel:** Pauschalangebot mit 2 Übernachtungen und Rahmenprogramm ab 130 €
- **Essen & Trinken:** Fischspezialitäten in ca. 10 Restaurants in Dinkelsbühls Altstadt
- **Web:** www.fischerntewoche.de und www.dinkelsbuehl.de

29 Bierführung im Fürstlichen Brauhaus

Hopfen, Malz und fertig ist das **Bier**? In **Wallerstein** lernt man, wie es wirklich ist.

»Vigilantia et Fidelitate« – Wachsamkeit und Treue – ist mehr als ein Wappenspruch des Fürstenhauses Wallerstein. Es ist das Motto der Adelsfamilie, das sich durch all ihre privaten und beruflichen Engagements zieht. Dazu gehört auch das Fürstliche Brauhaus, das seinen Sitz auf dem mittelalterlichen Burgareal in Wallerstein hat und in dem seit über 400 Jahren mit viel Know-how, Sorgfalt, Liebe und Leidenschaft besondere Biere gebraut werden. Jede Bierspezialität aus dem Fürst Wallerstein Brauhaus hat ihren Charakter und einen unverwechselbaren Geschmack. »Quod erat demonstrandum« – der Beweis muss nicht lange auf sich warten lassen. Bei einer Führung durch die Brauerei erfahren die Teilnehmer alles Wissenswerte über die Kunst des Bierbrauens, können den Weg vom Hopfen bis zur abgefüllten Flasche Bier nachverfolgen. »Hopfen und Malz, Gott erhalt's.« Zwar gilt dieses Prinzip damals wie heute, doch allein durch das Hinzufügen von Hefe und Wasser entsteht noch lange kein Bier. Es sind diffizile, genau aufeinander abgestimmte, chemischen und physikalischen Gesetzen unterliegende Prozesse, die ein Gemisch zu einem edlen Gebräu machen.

- **Karte:** B4
- **Wo:** Berg 78, Wallerstein, Tel. 0 90 81 / 78 20
- **Wann:** täglich, Mo–Fr auch abends
- **Wie viel:** Gruppenpreis (10–60 Pers.) 8 € pro Pers., bei Gruppen unter 10 Pers. werden pauschal 80 € berechnet.
- **Web:** www.fuerst-wallerstein.de

Dazu bedarf der Brauer großen Know-hows und handwerklicher Präzision. Es ist selbstverständlich, dass die Wallersteiner Bierexperten nur hochwertigsten Hopfen und Malz aus unserer Region verwenden und ihrem Bier die Zeit geben, die es braucht, um von einem trinkbaren zu einem hervorragenden Produkt für Genießer zu reifen.

Im Jahr 1598 fand das Oettingen-Wallersteinsche Brauwesen seine erste schriftliche Erwähnung. Auch wenn sich Moritz Fürst zu Oettingen-Wallerstein, nach 30 Generationen Oberhaupt der Familie, dieser jahrhundertealten Tradition der Bierbraukunst verpflichtet fühlt, so ruht er sich keineswegs auf den Lorbeeren aus. Lebender Beweis für die Innovation ist die »Bier-World« auf Schloss Wallerstein – eine Multimediashow rund um das Thema Bier. Doch was wäre eine Bierführung ohne Bierprobe? Die genießen die Teilnehmer im Panoramaturm mit einer herrlichen Aussicht über das Ries. Dazu gibt es als Unterlage ein frisch gebackenes Brot mit Streichwurst. Guten Appetit und Prost!

30 Wandern zum Wallersteiner Felsen

Steinerner **Zeuge** eines **»Urknalls«** vor 14,5 Millionen Jahren

Der Wallersteiner Felsen ist nicht irgendein x-beliebiger Steinbrocken. Wer auf ihn kraxelt, hat praktisch ein geologisches Phänomen unter den Füßen. Es ist schon ein Weilchen her, genau gesagt 14,5 Millionen Jahre, als ein Naturereignis von größter Bedeutung die gesamte Region völlig veränderte: Ein Asteroid von rund 1 km Durchmesser und mehreren Milliarden Tonnen Gewicht raste mit 70 000 km/h auf die Erde zu und schlug auf den Höhenzug der Fränkisch-Schwäbischen Alb auf. Am Einschlagpunkt entstand ein Druck von mehreren Millionen Bar und eine Temperatur von etwa 20 000 °C. Innerhalb weniger Sekunden bildete sich ein tiefer Krater, von dessen steilen Wänden Ge-

- **Karte:** B4
- **Wo:** in unmittelbarer Nähe des Wallersteiner Schlosses
- **Wann:** Ostern–Allerheiligen (witterungsbedingt)
- **Web:** www.wallerstein.de
- **Sonstiges:** Wissenswertes über den Felsen im Buch »Die Burg auf dem Felsen« von Hartmut Steger (Verlag Steinmeier, 12,90 €)

steinsschollen abrutschten, die den Krater in sich zusammenfallen ließen. Gleichzeitig kam es aus dem Erdinneren zu einem gewaltigen Auswurf von Erdreich. Dabei wurde eine unvorstellbar große Menge Materie in die Luft geschleudert, die im Umkreis von mehreren Kilometern niederprasselte. Es entstand ein Krater mit 13 km Durchmesser. Regengüsse konnten wegen der vielen Gesteinsschichten nicht versickern, so füllte sich ein riesiger See, der erst allmählich wieder verschwand.

Der Wallersteiner Felsen ist im Zuge dieses Naturereignisses entstanden. Er ragt am inneren Kraterring 70 m in die Höhe und erfreut sich einer großen Fangemeinde – nicht zuletzt wegen des Rundblicks über das gesamte Ries. Im Bereich des Felsens wurde die Höhenburg erbaut, die 1188 erstmals urkundlich erwähnt wurde. 1261 kam die Burg in den Besitz der Grafen von Oettingen. Im Laufe der Jahrhunderte wurde sie als Residenz der Linie Oettingen-Wallerstein ausgebaut. Doch 1648, am Ende des Dreißigjähriges Krieges, wurde die Burg von schwedischen Truppen in Brand gesteckt und gesprengt. Von der mächtigen Anlage sind heute nur noch Teile der Unterburg mit dem Torbau erhalten. Und so ist der Fels die alleinige Attraktion. Nachdem seine Begehung einige Jahre lang verboten war, ist er jetzt für die Öffentlichkeit wieder zugänglich. Am besten geht man vom Schlosshof aus durch ein »weißes« Tor und betritt einen Park mit Wanderwegen rund um den Felsen.

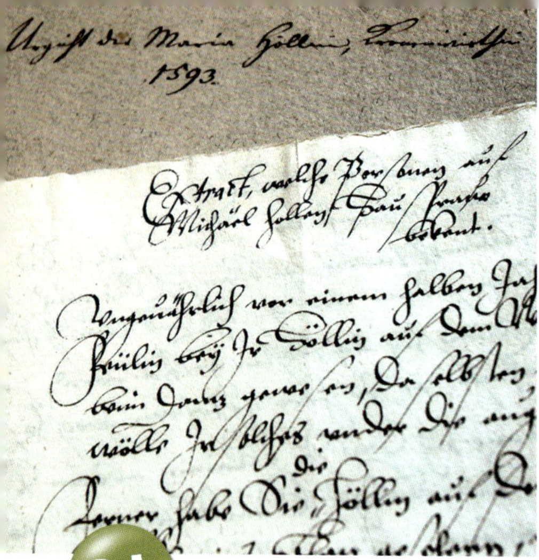

Eine Originalurkunde eines Hexenprozesses aus dem 16. Jh.

31 Auf Lauschtour in die Vergangenheit

Großes Kino für die Ohren in Nördlingen

Bei der Lauschtour lässt sich Nördlingen auf ganz neue Art entdecken: Mit iPod oder Smartphone-App eröffnet sich eine Welt voller Anekdoten, spannender Infos und humorvoller Details. Die Lauschtour »Hexen in Nördlingen« etwa, die ein dunkles Kapitel in der Stadtgeschichte beleuchtet. Sie führt zu den Schauplätzen der Hexenprozesse im 16. Jh., im Zuge derer 33 Frauen hingerichtet wurden. Bei der Tour »Durch den Riesenkrater« wird die Zeit vor knapp 15 Millionen Jahre lebendig, als der riesige Asteroid einschlug und das Nördlinger Ries und das Steinheimer Becken schuf.

- **Karte:** B4
- **Wo:** Altstadt und Nördlinger Ries, über Tourist Information, Marktplatz 2, Nördlingen, Tel. 09081/ 841 16
- **Wann:** ganzjährig
- **Wie viel:** »Hexen in Nördlingen«, 60 Min., und »Durch den Rieskrater«, 4 Std., Leihgebühr je 4 €
- **Web:** www.noerdlingen.de
- **Sonstiges:** 20 € Pfand für den iPod

32 Von Krater zu Krater

Radtour durch die schönen Folgen einer Urzeitkatastrophe

Man kann es ohne Übertreibung als kosmische Katastrophe bezeichnen, was da vor 14,5 Millionen Jahren passiert ist: Der Einschlag zweier Asteroiden verursachte ein unvergleichliches Chaos und hinterließ eine eindrucksvolle Kraterlandschaft. Auf einer Strecke von 185 km erschließt der »Von Krater zu Krater«-Radweg diese in Deutschland einzigartige Naturlandschaft. Die Radroute verbindet die beiden Krater Nördlinger Ries und Steinheimer Becken. Die Strecke verläuft im Westen von Nördlingen über Bopfingen, Steinheim und Neuresheim zurück nach Nördlingen. Die östliche Runde führt von Wemding, Oettingen, Maihingen und Wallerstein quer durch die weite Riesebene – und die Radfahrer wissen nie genau, ob ihre Atemlosigkeit vom Radeln oder vom Staunen herrührt.

- **Karte:** B4/C4
- **Wo:** vom Nördlinger Ries zum Steinheimer Becken, einfache Strecke 67,2 km
- **Wann:** empfohlene Monate Mai–Okt.
- **Web:** www.geopark-ries.de und www.noerdlingen.de

33 Bayerisches Eisenbahnmuseum

Zwischen 100 historischen **Loks** schlagen in **Nördlingen** nicht nur Jungsherzen höher

Früher galt Lokführer als der Traumberuf schlechthin für kleine Jungs. Doch längst ist er von Berufswünschen wie Flugzeugpilot, Meeresforscher, Kriminalkommissar oder Fußballprofi abgelöst worden. Wirklich? Im Bayerischen Eisenbahnmuseum in Nördlingen schlagen die Herzen von Zug- und Lok-verliebten Kindern und Eltern höher, und am Ende des Besuchs steht für viele Kids unverrückbar fest: »Ich will Lokführer werden.« 1985 wurde das Museum auf dem Gelände des stillgelegten Bahnbetriebswerks eröffnet. Nach und nach konnte ein Großteil der brachliegenden Einrichtungen und Gleisanlagen wieder in Betrieb genommen werden. Inzwischen befindet sich auf dem Gelände (fast) alles, was für einen reibungslosen Einsatz von Dampflokomotiven und auch Dieseltriebfahrzeugen benötigt wird. Mit über 100 historischen Dampf-, Diesel- und Elektrolokomotiven sowie Nebenfahrzeugen, Triebwagen und Draisinen ist es das größte private Eisenbahnmuseum Bayerns. In diesem authentischen Ambiente fühlen sich die Besucher in die Eisenbahn-Vergangenheit zurückversetzt. Besucher müssen sich nicht aufs Staunen beschränken. Alle Loks dürfen angefasst werden, bei einigen darf man sogar in den Führerstand klettern und Lokführer spielen. Dank der schrittweisen Res-

taurierung der Gleisanlagen konnte auch der Fahrdienst der Museumszüge auf der »Romantischen Schiene« zwischen Nördlingen, Dinkelsbühl und Feuchtwangen wieder aufgenommen werden.

Weitab von großen Straßen schlängelt sich die Museumslok durch die abwechslungsreiche Landschaft. Eine zweite Strecke befährt der Seenland-Express von Nördlingen in nordöstlicher Richtung nach Gunzenhausen. Sie wurde bereits 1849 als Teil der »Ludwigs-Süd-Nordbahn« von Lindau nach Hof eröffnet. Erinnerungen werden wach an die Zeit, als Nördlingen Knotenpunkt von nicht weniger als fünf Bahnlinien aus Donauwörth und Aalen sowie nach Dombühl, Gunzenhausen und Wemding war. Kurze Aufenthalte in den vielen Zwischenbahnhöfen vermitteln auf der nostalgischen Zugfahrt einen lebendigen Eindruck von dem Flair, der früher auf den kleinen Nebenbahnen herrschte. Die Termine der historischen Zugfahrten sind auf der Website des Museums angegeben.

- **Karte:** B4
- **Wo:** Am hohen Weg 6a, Nördlingen, Tel 0 90 83 / 3 40
- **Wann:** Mai–Sept., Di–Sa 12–16 Uhr, So und Feiertage 10–17 Uhr, Okt.–März, Sa 12–16 Uhr, So und Feiertag 10–17 Uhr
- **Wie viel:** 6 €, Kinder (5–14 J.) 3 €
- **Web:** www.bayerisches-eisenbahnmuseum.de

34 Kanufahren auf der Wörnitz

Klein, aber oho: Der **idyllische** Wiesenfluss ist ein **Paradies** für Paddler

Der Beiname »Schlangenfluss« soll keineswegs auf etwas Unheilvolles, Gefährliches hindeuten. Vielmehr sollen damit die vielen Richtungsänderungen bezeichnet werden, die die Wörnitz auf ihrem 132,5 km langen Weg von ihrem Ursprung in Schillingsfürst auf der Frankenhöhe bis zur Mündung in die Donau bei Donauwörth durchfließt. Der interessanteste Streckenabschnitt beginnt in Harburg. An der alten Steinbrücke unterhalb der imposanten Burg werden die Kanus zu Wasser gelassen. Für die 19 km lange Strecke bis zum Ziel am Kanu-Club Donauwörth sollte man bis zu sechs Stunden Fahrzeit einplanen. Hinter jeder Windung wartet eine neue Szenerie: Seerosen säumen das

Flussufer, Natur pur und friedliche Stille streicheln die Sinne. Auf dem träge mäandernden Fluss geht es in Richtung Brünsee und Ebermergen. Die fischreiche Wörnitz lockt auch viele Hobbyangler an, die am Ufer zwischen den Büschen sitzen und auf ihr Glück hoffen und sich über ein freundliches »Petri Heil« freuen. Bei Wörnitzstein, das bereits zum Stadtgebiet von Donauwörth gehört, erreichen die Paddler ein Wehr, das auf der rechten Seite umtragen werden muss. Zur Belohnung kann man sich in der paddlerfreundlichen Gaststätte Braun Wörnitzstein stärken. Weiter schlängelt sich der Fluss an Felsheim vorbei, bis in der Ferne bereits Donauwörth mit seinen markanten Kirchtürmen zu erkennen ist. Es geht an einem alten Weinberg entlang, wo man mit ein wenig Glück Störche zu Gesicht bekommt. Am Stadtmühlenwehr wartet eine weitere Umtragestelle, bevor die Kanufahrer das Ziel, die Anlegestelle am Kanu-Club Donauwörth mit Zeltmöglichkeiten, erreichen.

Bereits ab April, zwei bis vier Wochen nach der Schneeschmelze, erreicht die Wörnitz einen für Flusswandertouren günstigen Wasserstand. Der Kanu-Laden Purtec, bei dem die Boote geliehen werden können, bietet auch einen Rücktransport-Service nach Harburg an.

- **Karte:** C4
- **Wo:** Einstieg in Harburg an der alten Steinbrücke, Ausstieg bei Kanuclub Donauwörth, 19 km, ca. 5–6 Std. Fahrzeit
- **Wann:** beste Zeit April–Mitte Okt. Im Spätherbst ist es in Nordschwaben oft sehr neblig.
- **Wie viel:** Kanu-Leihgebühr z. B. für einen Dreisitzer ca. 32 € plus ca. 30 € Anliefergebühr, z. B. Kanu-Laden Purtec in Donauwörth, Tel. 09 06/80 86
- **Web:** www.stadt-harburg-schwaben.de

35 Zu Fuß von der Harburg nach Eisbrunn

Biergarten, Streichelzoo und Waldspielplatz **begeistern** Groß und Klein

Majestätisch thront die Harburg über der gleichnamigen Stadt an der Wörnitz. Sie zählt zu den größten, ältesten und besterhaltenen Burganlagen Süddeutschlands. Die Festung ist Startpunkt zu einer knapp einstündigen Wanderung zur Waldschänke Eisbrunn, die in eine romantische Waldlichtung gebettet ist. Schon seit 1831 genießt man hier bayerische und regionale Schmankerl, dazu gibt es die guten Bierspezialitäten vom Fürstlichen Brauhaus Wallerstein. Über rund 800 Plätze verfügt der Biergarten, die vielen alten Bäumen spenden an heißen Sommertagen angenehm kühlen Schatten. Eltern, die mit ihren Kindern kommen, werden in der Waldschänke Eisbrunn nie ein »Mir ist so langweilig« zu hören bekommen. Der Waldspielplatz lädt die Kids zum Entdecken und Herumtoben ein. Eine weitere Attraktion ist der Streichelzoo mit einer großen Voliere. Die Neuzugänge, vier Fasane, haben sich bereits gut eingelebt.

- **Karte:** C4
- **Wo:** vom Schloss 45–60 Min. Gehzeit bis Eisbrunn
- **Wann:** April–Sept. tägl. (Di Ruhetag), Okt.–März Do–So
- **Essen & Trinken:** Waldschänke Eisbrunn, Tel: 09080/9239100, www.eisbrunn.de
- **Web:** www.stadt-harburg-schwaben.de
- **Sonstiges:** Waldspielplatz und Streichelzoo für Kinder

36 Spaß auf acht Rollen

Inlineskaten rund um Donauwörth

Skater-Fun auf bestens gepflegten Asphaltwegen – das erwartet Freizeitsportler auf dem 80 km umfassenden Radwegenetz rund um Donauwörth. Die abwechslungsreiche Umgebung gibt dem sportlichen Erlebnis einen zusätzlichen Reiz. Skatern, die nicht ortskundig sind, ist die neue »Inline-Skater-Karte rund um Donauwörth« eine Hilfe, die die Tourist-Information zusammen mit dem Alpenverein Donauwörth ausgearbeitet hat. Einige Strecken sind für Grundlagentraining geeignet, aber auch ambitionierte Speedskater können auf den überwiegend flachen Wegen nach Herzenslust »heizen«.

- **Karte:** C4
- **Wo:** 80 km Wegenetz rund um Donauwörth
- **Essen & Trinken:** z. B. Gasthaus Thaddäus (mit Biergarten), Abteistr. 23, Kaisheim, Tel. 0 90 99/ 92 19 99, www.gasthaus-thaddaeus.de
- **Web:** www.donauwoerth.de
- **Sonstiges:** Inline-Skater-Karte rund um Donauwörth bei der Tourist-Information Donauwörth erhältlich, Rathausgasse 1, Tel. 09 06/ 78 91 51

37 Historische Zillenfahrten

Flussgenuss auf der **Wörnitz** mit den Donauwörther **Fischerstechern**

Als Geheimtipp und besonderes Erlebnis wird seit Jahren die historische Zillenfahrt mit den Donauwörther Fischerstechern gehandelt. Auf kleinen, flachen Booten, die ein wenig an venezianische Gondeln erinnern, erleben die Gäste eine unvergessliche Bootspartie rund um die Altstadtinsel Ried. Schon in den Zeiten der Völkerwanderung gab es hier eine kleine Fischereisiedlung. Der Ursprung des Fischerstechens reicht immerhin noch zurück bis in das Jahr 1737. Die Fischer mussten sich die besten Fischrechte in den Gewässern der Stadt erkämpfen. Sie bildeten die Grundlage ihrer Existenz, von sozialer Stellung, Ansehen und Wohlstand. Über die Vergabe der Rechte wurde nicht lange debattiert – sie wurde Mann gegen Mann beim sogenannten Fischerstechen ausgefochten. Dabei paddelten sie stehend auf ihrer Zille aufeinander

- **Karte:** C4
- **Wo:** auf Donau und Wörnitz, über Donauwörther Fischerstecher e. V., Tel. 0906/6303 (Peter Heckmeier)
- **Wann:** Mai–Sept., allerdings abhängig vom Wasserstand der Flüsse
- **Wie viel:** 100 € für bis zu 10 Pers.
- **Essen & Trinken:** Auf Wunsch wird Verpflegung geliefert.
- **Web:** www.donauwoerth.de

zu und versuchten, den Gegner mit einer Stange ins Wasser zu stoßen. Das Stechen fand üblicherweise alle sechs bis sieben Jahre statt, jeweils zu Kirchweih oder Nachkirchweih und nur mit »obrigkeitlicher Bewilligung«; bei besonderen Anlässen auch außerhalb des Jahresturnus und der Jahreszeit. Überall, wo sich die Fischer zu Zünften zusammenschlossen – eben auch in Donauwörth –, wurde das Fischerstechen eifrig gepflegt. Zuschauer aus allen Ständen fanden sich bei dem Spektakel ein. 1850 fand das Fischerstechen zum letzten Mal statt. 1983 wurde dann der Verein Donauwörther Fischerstecher ins Leben gerufen, sodass zwei Jahre später das traditionelle Fischerstechen wieder ausgefochten werden konnte. Seither finden sich die Schaulustigen an der Wörnitzbrücke ein, um die »Gladiatoren« anzufeuern.

Wer heute bei einer historischen Zillenfahrt dabei ist, kann sich ganz unbehelligt dem Flussgenuss hingeben und braucht nicht um seinen Platz im Boot zu fighten. Auf Wunsch wird auch die Verpflegung an die Zille geliefert.

38 Naturlehrpfad im Dehner Blumenpark

Im »grünen Klassenzimmer« **bestaunt** man die heimische **Tier- und Pflanzenwelt**

- **Karte:** C4
- **Wo:** Dehner Blumenpark, Donauwörther Str. 3–5, Rain, Tel. 0 90 90 / 7 70
- **Wann:** tägl. ab 8.30–18, 19 oder 20 Uhr (je nach Monat) geöffnet
- **Essen & Trinken:** Blumenrestaurant, Palmenhaus, Kaminstüberl und SB-Restaurant mit Biergarten
- **Web:** www.dehner.eu
- **Sonstiges:** Übernachten im Blumenhotel: www.dehner-blumenhotel.de

Im Rahmen der kleinen Landesgartenschau in Rain im Jahr 2009 wurde von der Firma Dehner zusätzlich zu den Schauanlagen ein 1,2 ha großer Naturlehrgarten eröffnet. Den Besuchern soll darin die Schönheit der Natur nähergebracht werden. Gepflanzt wurden zu diesem Zweck 60 Baum- und Straucharten sowie 1800 Stück Gehölze und Sträucher. Darüber hinaus wurde eine 450 qm große Biotopanlage mit heimischen Sumpf- und Wasserpflanzen und dazugehöriger Tierwelt angelegt. Und natürlich wird auch an kleine Gäste gedacht. Der Naturlehrgarten wird von Schulen vor allem als »grünes Klassenzimmer« zur Umweltbildung genutzt.

39 Rundflüge über Rain

Grenzenlose Freiheit genießen

Über den Wolken ist die Freiheit bekanntlich grenzenlos. Umso intensiver das Erlebnis, wenn sich die Wolken über Rain verziehen und sich unter dem Flugzeug die landschaftliche Pracht des Voralpenlandes auftut. Bei den Rundflügen ab 15 Minuten lässt sich die schöne Region erkunden. Rund 40 Minuten dauert die Tour über das malerische Altmühltal, zwei bis zweieinhalb Stunden die Rundflüge über die Schlösser- und Seenlandschaft des Allgäus sowie über die Alpengipfel. Mit einem Rundflug als Geschenk landet man immer einen Volltreffer.

- **Karte:** C4
- **Wo:** Motorflugplatz Genderkingen, Tel. 0906/91414
- **Wann:** ganzjährig, Flugmöglichkeit witterungsabhängig
- **Wie viel:** Rundflüge z. B. 15 Min. ab 33 €, 2 Std. Seen-Schlösser ab 180 €
- **Essen & Trinken:** Pizzeria Volare am Flugplatz, www.volare-genderkingen.de
- **Web:** www.flugplatz-genderkingen.de

40 Fugger und Welser Erlebnismuseum

Eine **Hommage** an Augsburgs mächtigste **Handelsfamilien**

Sie waren Prototypen dessen, was man heute Global Player nennen würde. Zwei einflussreiche Handelsdynastien, die Welser und die Fugger, haben das wirtschaftliche, politische und soziale Leben in Augsburg nachhaltig geprägt. Ihre jeweiligen Unternehmensimperien überzogen weite Teile Europas. Nun ist den beiden ebenso bedeutenden wie schillernden Kaufmannsfamilien mit dem Fugger und Welser Erlebnismuseum ein Denkmal gesetzt worden. Das Thema der Ausstellung lautet »Fugger und Welser – die einflussreichsten Handelshäuser der Renaissance«

Links: Interaktives Bild – mit Klick auf die Figuren erfährt der Besucher Wissenswertes aus der Zeit der Renaissance.

und wird in vielen Details beleuchtet. Seine Heimstatt fand das Museum im Wieselhaus, einem Renaissancebau im Norden des Augsburger Domviertels. Im Zuge der Renovierungsarbeiten wurden einige Schätze zutage gefördert, wie eine historische Zisterne, Architekturmalereien oder ein Kachelofen aus dem 17. Jh.

Eine neuartige, interaktive Form des Storytellings macht Geschichte lebendig. Besucher erfahren auf höchst spannende Weise, was Bergbau und Seefahrten mit Augsburg in dieser Zeit verband, welche bedeutenden Neuerungen in der Wirtschaft, aber auch in der Technik eingeführt wurden und wie sie den Familien ihren Reichtum sicherten, was Globalisierung im frühen 16. Jh. bedeutete, welchen Aufwand man im Bereich Kommunikation betreiben musste und was man damit bewirken konnte, aber auch was man unter »Wirtschaftsethik« verstand.

Im ersten Stockwerk begegnen sich Jakob Fugger und Bartholomäus V. Welser in einem virtuellen Gespräch in Lebensgröße. Während man dieser Unterhaltung lauscht, kann man sich auch einklinken und tiefer in die geheime Besprechung der beiden einsteigen. Auf dem Weg ins zweite Geschoß öffnet sich im Norden der Blick in den Stephansgarten durch wieder geöffnete Arkaden der Renaissance. Hier lauscht man der Musik der Zeit und steht plötzlich mitten im Geschehen in einem unerwartet großen Saal, beim sogenannten Geschlechtertanz, einem der wichtigsten gesellschaftlichen Ereignisse des damaligen Augsburg.

Ein Chipkartensystem lässt den Besucher aktiv werden. Er kann sich mit Auslösern weiterreichende Informationen einholen, Gespräche vertiefen, aber auch Bilder zum Leben erwecken.

- **Karte:** C5
- **Wo:** Äußeres Pfaffengäßchen 23, Augsburg, Tel. 0821/502 07 35
- **Web:** www.fugger-und-welser-museum.com

41 Stadtführung Jakob Fugger höchstpersönlich

Mit dem **Finanzgenie** auf den Spuren des goldenen **Augsburg**

In jener Zeit, als Amerika gerade entdeckt worden war, begann der Aufstieg von Jakob Fugger zum bedeutendsten und innovativsten Kaufmann und Bankier Europas. Bei dieser besonderen Stadtführung begibt sich ein Schauspieler alias Jakob Fugger mit seinen Gästen auf die fuggersche Erfolgsspuren durchs goldene Augsburg: Vom Rathaus geht es zum Fuggerstadtpalast, zur »Kaisermeile« sowie zu Fuggerei, Fuggerdenkmal und zur Fuggerkapelle in der Annakirche – ein spannender Ausflug in diese Epoche und viel Aufschlussreiches zum Denken und Handeln des Finanzgenies. Die Führung kann auch mit einem Glas Prosecco und mit blattgoldverzierten Pralinen veredelt werden – typisch Fugger eben. Beim festlichen Empfang verrät Jakob seinen Gästen seine persönlichen »Finanztipps«.

- **Karte:** C5
- **Wo:** Tourist Info, Rathausplatz Augsburg, Anmeldung erforderlich unter Tel. 0821/5020724
- **Wann:** Mai–Okt., jeweils 3. Sa des Monats ab 14 Uhr, Gruppentermine nach Vereinbarung
- **Wie viel:** 12 €, 230 € pro Gruppe zzgl. 3 € Eintritt in die Fuggerei
- **Web:** www.augsburg-tourismus.de

42 Der Fugger'sche Nachrichtendienst

Wie die Fugger die Medien beherrschten

- **Karte:** C5
- **Wo:** Buchung bei Augsburg Guides Web, Tel. 0821/5020733
- **Wann:** ganzjährig, für größere Gruppen, Dauer ca. 3 Std.
- **Web:** www.augsburg-tourismus.de

Da würde selbst heute noch mancher vor Neid erblassen: Die Fugger hatten sich über Generationen hinweg ein Informations- und Nachrichten-Netzwerk aufgebaut, mit dem sie das politische und wirtschaftliche Geschehen genau überblicken, steuern und beeinflussen konnten. Bei einem spannenden Strategiespiel tauchen die Gäste ein in die Welt von Reichtum und Macht des Augsburg der Renaissance. Beim Treffen mit Kaiser und Kirchenvätern, Gelehrten und Gaunern – dargestellt von Schauspielern – bekommt man einen höchst amüsanten, unterhaltsamen und informativen Einblick über das Schalten und Walten der Fugger. »Ganz nebenbei« lernt man dabei das heutige Augsburg und seine 2000-jährige Geschichte kennen, von den Römern bis in die Neuzeit. Ein Begrüßungsdrink und ein Imbiss sind im Preis enthalten.

43 Wasserski und Wakeboarden

Speed und **Spaß** am Friedberger Baggersee

Die 1969 eröffnete Anlage »Chill and Wake« am Friedberger Baggersee zählt zu den ältesten Wasserskiliften der Welt. Neben Wasserski und Wakeboard kann man auch mit Monoski, Trickski oder Kneeboard mit Geschwindigkeiten bis 50 km/h übers Wasser preschen. Auf 900 m Länge haben zehn Mitfahrer Platz. Anfänger wie Fortgeschrittene erlernen in Kursen die Feinheiten des Sports. Die Geräte kann man direkt am Lift leihen und sind im Liftpreis inbegriffen, für einen Neoprenanzug wird ein Aufpreis verlangt.

- **Karte:** C5
- **Wo:** chill & wake, Seestr., Friedberg, Tel. 0821/602741
- **Wann:** März–Apr. an den Wochenenden und Feiertagen, Mai–Sept. tägl. sowie bis Mitte Okt. an Wochenenden
- **Wie viel:** 1 Std. 14 €, Kinder bis 15 J. 11 €, Tageskarte ab 33 €, Kinder bis 15 J. 28 €
- **Essen & Trinken:** Chill Out Café direkt am See
- **Sonstiges:** Liftbetrieb bei Wassertemperatur ab 18 °C
- **Web:** www.chill-and-wake.de

44 Reiterlebnis mit Islandpferden

Das gibt es nur mit **Islandpferden**: Im »**Tölt**« durchs Friedberger Land

Sie haben die perfekte Größe, sind robust und freundlich: Islandpferde gehören zu den sympathischsten Vertretern ihrer Art, und wer einmal mit ihnen zu tun gehabt hat, wird sie für immer lieben. Und: Sie beherrschen als einzige Pferde einen vierten und fünften »Gang«, Tölt und Rennpass. Am Ortsrand von Friedberg liegt an der Hügelkette Lechleite der gleichnamige Pferdehof, eine ehemalige Mühle mit Stallungen und großen Weideflächen. Kurse werden das ganze Jahr über angeboten für Anfänger, Fortgeschrittene, Freizeitreiter, Turnierreiter, Wiedereinsteiger und für Kinder bis zu Senioren.

- **Karte:** C5
- **Wo:** Islandpferde Lechleite, Schützenstr. 110, Friedberg, Tel. 0821/603330
- **Wann:** ganzjährig
- **Wie viel:** 2-tägiger Anfänger- bzw. Wiedereinsteigerkurs 150 €, Einzelstunden 40 €, Tagesritte 100 €
- **Sonstiges:** Spezielle Tölt-Tage; Tölt ist die Islandpferden eigene vierte Gangart.
- **Web:** www.lechleite.de

45 Rafting auf dem Lech

Spritziges Wassersportvergnügen für Abenteuerlustige

Licca nannten ihn die Kelten, der Rasch-Fließende. Wer den trägen Lech aus den Tiroler Alpen kennt, wird sich wundern, mit welchem Temperament er auf seinem Weg zur Donau an Landsberg vorbeirauscht. Damit ist der Lech in diesem Abschnitt die ideale »Unterlage« für spritzige Rafting-Abenteuer. Acht Personen haben Platz in einem der robusten Schlauchboote, die unterhalb der Pitzlinger Staustufe, gut einen Kilometer vor dem Lechwehr, zu Wasser gelassen werden. Der erste, ruhige Streckenabschnitt wird genutzt, um sich mit dem Boot

- **Karte:** C6
- **Wo:** von der Pitzlinger Staustufe über Landsberg bis Kaufering, Buchung bei Wind & Weather, Tel. 081 91 / 94 15 00
- **Wann:** Mitte Mai–Sept., jeweils So, je nach Wetter und Wasserstand; weitere Termine nach Absprache
- **Wie viel:** 29 €
- **Essen & Trinken:** Waldwirtschaft Sandau, Sandau 7, Landsberg am Lech, Tel. 081 91 / 973 49 00, www.waldwirtschaft-sandau.de
- **Web:** www.windandweather.de

und der Ausrüstung anzufreunden, die Kommandos der Guides und kontrollierten Paddelschläge einzuüben. Nach der Karolinenbrücke gibt es dann kein Zurück mehr, und es heißt: Höchste Konzentration! Mit Schwung geht es im kühlen Nass das Lechwehr hinunter. Im 14. Jh. wurde das breite Wehr errichtet, um den Flusslauf des ungestümen Lechs zu bändigen. Im Mittelalter und bis zum Ende des 19. Jh. war der Lech eine viel genutzte Wasserstraße. Tausende mit Handelswaren beladene Flöße befuhren den Fluss.

Die Schlauchboote legen nach der Sause übers Wehr an der Kiesbank beim Landratsamt einen Stopp ein. Dann geht es weiter an der Schwaighofsiedlung vorbei. Wenn die Konzentrationskraft auf die Paddelei etwas nachlässt, ist das kein Wunder: Das Flussufer hier ist ein beliebter »Hang-out« der FKK-Anhänger. Am Schwimmbad in Kaufering ist das spritzige Abenteuer zu Ende.

46 Uhrenführung durch Landsberg

In der Lechstadt auf den Spuren der Zeitmesser

Tickt sie noch richtig, oder ist sie ihrer Zeit voraus? Unter dem Titel »Die Zeiger der Zeit verbinden gestern & heut« bietet die Kunsthistorikerin und Uhrmachermeisterin Birgit Kremer eine spannende Stadtführung an, auf der allerhand Interessantes zur Geschichte der Zeitmessung, der Erfindung und Entwicklung der mechanischen Uhr und ihres Bedeutungswechsels im Laufe der Jahrhunderte zu erfahren ist. Warum hatten mittelalterliche Uhren nur einen Zeiger, und warum überhaupt läuft die Uhr im »Uhrzeigersinn«, also rechts herum? Diese und andere Fragen werden anschaulich und kurzweilig anhand der alten Uhren, die in der Lechstadt zu bewundern sind, beantwortet. Seit je beobachteten die Menschen die Bewegungen der Gestirne am Himmel und leiteten daraus Regelmäßigkeiten wie die Wiederkehr der Monate und der Jahreszeiten ab. Als eines der frühesten Instrumente ermöglichte es die Sonnenuhr, den Verlauf der Zeit in kleineren Abschnitten anzuzeigen und so z. B. neben einem Treffpunkt auch einen Zeitpunkt zu vereinbaren. Bahnbrechend in der Geschichte der Zeitmessung war die Entwicklung der mechanischen Räderuhr im 13. Jh., doch erst der zunehmende Handel im 17. Jh. machte eine immer genauere Zeitmessung erforderlich. Bei der gut zweieinhalbstündigen Führung in Lech geht es dann auf den Spuren der Geschichte der Uhr auf Türme der Stadt, zu Kirchen und Klöstern und zu guter Letzt auch in das Rathaus, wo bei einem Umtrunk die Stadtführerin alle noch offenen Fragen rund um die Uhr und die Geschichte der Zeitmessung fachkundig beantwortet.

- **Karte:** C6
- **Wo:** Start am Bayertor, Buchung bei der Tourist Information, Tel. 081 91 / 128246
- **Wann:** mehrere Termine übers Jahr verteilt
- **Wie viel:** 13 €, Jugendliche 6 €
- **Web:** www.landsberg.de

47 Beim Bildhauer

Bei **Egon Stöckle** gibt es originelle Skulpturen zu bewundern

Der Pfaffenwinkel scheint ein besonders fruchtbarer Nährboden für Künstler zu sein. Viele Kunstschaffende haben sich in der Gegend niedergelassen, so auch Bildhauer Egon Stöckle. Stein und Bronze sind die typischen Materialien, mit denen er seine Köpfe, Körper und Tiergestalten kreiert, oft ergänzt mit dem eigenen Schatten. Die originellen Skulpturen sind im Haus des im Allgäu geborenen Künstlers zu besichtigen. Seine exzellente Technik, sein charakteristischer Umgang mit der Materie, verleiht ihm die unverwechselbare Handschrift. Wer sich kreativ motiviert fühlt, kann im Sommer an Bildhauerkursen teilnehmen, die Stöckle durchführt. Seit Jahrzehnten macht er immer wieder mit Einzel- und Gruppenausstellungen von sich reden.

- **Karte:** C6
- **Wo:** Am Lech 10, Hohenfurch, Tel. 08869/93240
- **Wann:** Juli/August, genaue Termine auf Anfrage
- **Web:** www.hohenfurch.de, www.egon-stoeckle.com

48 Trend Weitwandern

Vom Main zu den Alpen

- **Karte:** C6
- **Wo:** zwischen Landsberg und Füssen, ca. 120 km, überwiegend flussbegleitend
- **Essen & Trinken:** Hotel-Gasthof Negele, Hauptplatz 2, Hohenfurch, Tel. 08861/90800
- **Web:** www.hohenfurch.de
- **Sonstiges:** Es gibt die Möglichkeit des Gepäcktransports von einem Übernachtungsziel zum nächsten.

Bei Weitwandern denken viele an die Pilgerreise auf dem berühmten Jakobsweg. Doch nicht nur bei Menschen mit »höheren« Motiven ist das Wandern über größere Distanzen und einen längeren Zeitraum zu einer zunehmend beliebten Reiseform geworden – als Gegenstück zur Alltagshektik, wo Geschwindigkeit und Stress den Ton angeben. Was für ein Kontrast, die idyllischen Landschaften und Orte, die auf der Romantischen Straße aufgefädelt werden, nach dem eigenen Tempo zu erleben, innezuhalten und etwa einem rauschenden Bach zu lauschen. Auf den 480 km zwischen Würzburg und Füssen präsentieren sich einsame Landstriche, zauberhafte Orte mit einer bewegten Vergangenheit und kulturelle Highlights. Dazu gibt es überall Übernachtungsmöglichkeiten und kulinarische Genüsse. Die Romantische Straße ist in 24 Etappen eingeteilt. Der Einstieg ist überall möglich, die Laufrichtung ist egal. Wer z. B. in Hohenfurch nach Süden aufbricht, auf den warten nur noch zwei Etappen durch das traumhafte Voralpenland bis nach Füssen zu den Königsschlössern.

49 Durch Schongau mit der Henkerstochter

Auf den Spuren der **Romanfigur** rein ins tiefste **Mittelalter**

Wie mag das junge Mädchen auf die Frage »Was macht dein Vater« wohl reagiert haben? Denn Henker galt vermutlich auch im Mittelalter nicht als ganz gewöhnlicher Handwerksberuf. Aber es gab ihn, und man kann davon ausgehen, dass bei Henkern die Gefahr der Arbeitslosigkeit sehr gering war. Wie es zu dieser Zeit in der Region zuging, das wissen die beiden Stadtführerinnen Gisela Sporer und Eunike Jocher

ziemlich genau. Sie begleiten die Gäste bei einem nicht alltäglichen Stadtrundgang zu verschiedenen Schauplätzen des Romans von Oliver Pötzschs »Die Henkerstochter«, der im mittelalterlichen Schongau spielt. Der Autor stieß bei der Ahnenforschung seiner Familie mütterlicherseits auf die überraschende Erkenntnis, dass sich einige seiner männlichen Vorfahren als Henker und Scharfrichter in dieser Gegend verdingten. Daraus entstand die Idee einer Henkerstochter als Roman-Titelheldin. Deren Vater, Jakob Kuisl, ist ein facettenreicher Charakter: Natürlich ein Brocken von einem Mannsbild mit gewisser, berufsbedingter Härte. Aber Jakob Kuisl ist kein herzloser Grobian, er hat durchaus Prinzipien und Berufsehre. Zudem zeigt er Mitgefühl mit seinen Delinquenten, freilich nur im Rahmen der Möglichkeiten ... Bei der Stadttour erfährt man Spannendes über Schongau, Henker und vermeintliche Hexen. Dazu tragen die Stadtführerinnen Passagen aus dem historischen Roman vor. Zum Abschluss im Ballenhaus werden Getränke und Leckerbissen gereicht. Für Überraschungen sorgen die Schauspieler und die Musiker der Gruppe Ahihr, auf die die Teilnehmer während der Führung treffen. Übrigens gibt es schon eine Fortsetzung des Romans: »Die Henkerstochter und der schwarze Mönch«.

- **Karte:** C6
- **Wo:** Treffpunkt am Rathaus
- **Wann:** Termine Mai–Sept., Anmeldung Tel. 08861/214181
- **Wie viel:** 7 €
- **Essen & Trinken:** Weinstuben im Frauentor, Christophstr. 21–23, Schongau, Tel. 08861/221817, www.weinstuben-schongau.de
- **Web:** www.schongau.de

50 E-Biken im Pfaffenwinkel

Radeln mit Rückenwind macht in der Region Schongau besonderen Spaß

Besser lassen sich sportliche Aktivität und Genuss nicht verbinden als mit einem E-Bike, jenen Trend-Vehikeln mit eingebauter Trethilfe, die das Bergauffahren zu einem Kinderspiel machen. Schongau und Umgebung ist mit seinem dichten Netz an Verleih- und Akkuwechselstationen bestens auf die Bedürfnisse der E-Biker eingestellt. Gästen mit Elektro-Fahrrad steht vor der Tourist Information in Schongau eine kostenlose Ladestation zur Verfügung. Tourenvorschläge sind in der Broschüre »Pfaffenwinkel – Radeln nach Herzenslust« beschrieben.

- **Karte:** C6
- **Wo:** großes Streckennetz in der Umgebung. Näheres bei der Tourist Information Schongau, Münzstr. 1–3, Tel. 08861/214181
- **Wann:** Mai–Okt.
- **Wie viel:** 1 Tag ca. 20 € Leihgebühr
- **Web:** www.schongau.de
- **Sonstiges:** Eine Radkarte mit den Tourenbeschreibungen ist beim Verkehrsamt für 4,90 € erhältlich.

51 Rundflug mit dem Ultraleicht-Flugzeug

Fast **schwerelos** den **Himmel** über Peiting erobern

Flugzeuge sind heute für Millionen von Menschen ein selbstverständliches Transportmittel. Doch bei einem Flug im Ultraleicht-Flugzeug der Flugschule Peiting kann man die Faszination des Uralt-Traums vom Fliegen noch einmal wie zu Beginn der Luftfahrtära nachempfinden. Bei Rundflügen in diesen kleinen, leichten Motorfluggeräten – u. a. über die Zugspitze – stellt sich angesichts atemberaubender Landschaften ein unbeschreibliches Glücksgefühl ein. Beliebt sind die Rundflüge auch als Geschenk mit 100-prozentiger Erfolgsgarantie.

- **Karte:** C6
- **Wo:** Flugplatz Peiting, Tel. 08861/6946640
- **Wann:** Ganzjährig, ab einer Schneehöhe von 20 cm ist kein Flugbetrieb möglich.
- **Wie viel:** Panoramaflug 100 €, König-Ludwig-Flug 120 €, Zugspitzflug 145 €, individueller Flug 2,33 €/Min.
- **Essen und Trinken:** Gasthof Lamprecht (in Flugplatznähe), Lamprecht 1, Peiting, Tel. 0 88 61/6 60 50, www.gasthof-lamprecht.de
- **Web:** www.flugplatz-peiting.de

52 Wanderung durch die Ammerschlucht

Wilde Schönheit: der »Grand Canyon« von Oberbayern

Sie ist wild, geheimnisvoll und dazu eindrucksvoll: die Ammerschlucht. Jahrtausendelang hat sich die Ammer auf ihrem Weg vom Ammergebirge zum Ammersee hier durch die Felsen gegraben und eine tiefe Schlucht geschaffen. Ihre Entstehung liegt nicht weniger als 35 Millionen Jahre zurück, im Tertiär, als die Bildung der Alpen begann. Der »Grand Canyon« von Oberbayern – der Vergleich hinkt keineswegs – bildet einen der spektakulärsten Streckenabschnitte des 127 km langen König-Ludwig-Fernwanderweges zwischen Starnberg und Füssen. Gleich am Eingang zur Schlucht bei Peiting sind sich aufbauende Tropfsteine zu sehen. 460 Stufen, Stege und kleine Brücken führen entlang der Ammerschlucht und machen die Tour zu einem kleinen Abenteuer. Gutes Schuhwerk ist wichtig, da die Wege oft glitschig sind und die Brücken und schmalen Stege nicht mit Geländern abgesichert sind. Es geht durch einen Mischwald. Biologisch interessierten Wanderern fallen seltene Pflanzen auf, etwa die Deutsche Tamariske oder das Alpenleinkraut. Mit etwas Glück sieht man Weißrückenspechte und sogar Steinadler. Aus der Ammerschlucht geht es hinauf zu einem Rastplatz. Von hier gelangt man auf dem Wirtschaftsweg nach Rottenbuch.

- **Karte:** C6
- **Wo:** von Peiting (Parkplatz »Pfleiderer«) nach Rottenbuch; Streckenlänge 9,5 km
- **Wann:** ganzjährig, je nach Witterung
- **Essen und Trinken:** Kunst-Café am Tor, Klosterhof 1, Rottenbuch, Tel. 08867/921040, www.kunstcafe-rottenbuch.de
- **Web:** www.rottenbuch.de

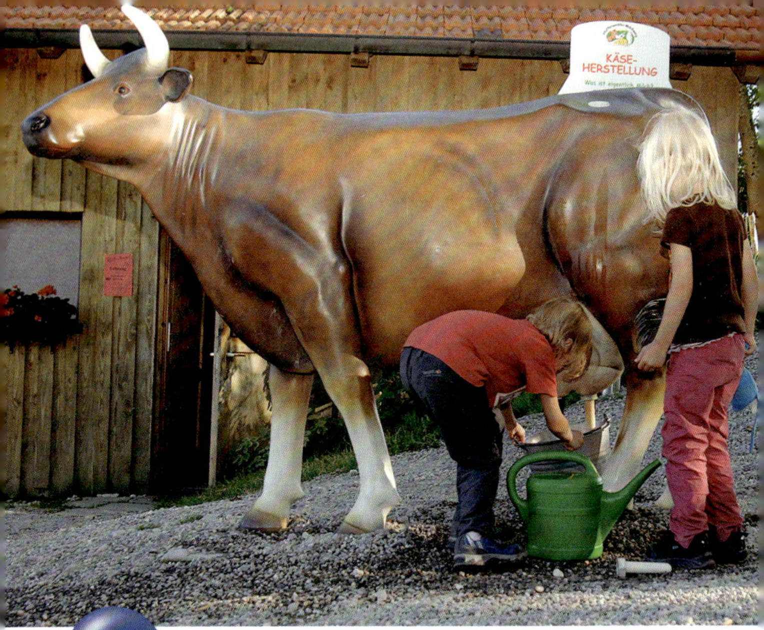

53 Pfaffenwinkler Milchweg

… und dann gibt's Käse-, Wurst- und Wildspezialitäten in der Schönegger **Käse-Alm**

»Eine Kuh macht Muh, viele Kühe machen Mühe«. Zugegeben übernehmen in der heutigen Landwirtschaft moderne Melkmaschinen die kraft- und zeitraubende Arbeit des Melkens. Aber bis vor nicht allzu langer Zeit gehörte das Melken mit der Hand zur täglichen Arbeit der Bauern. Wie das geht, kann man auf dem Pfaffenwinkler Milchweg in Rottenbuch ausprobieren. Erste Station ist eine lebensgroße Kuh aus Plastik. Sie lässt es sich mit stoischer Ruhe gefallen, wenn ungeschickte Anfänger bei ihr Hand anlegen.

Der Pfaffenwinkler Milchweg passt ausgezeichnet in diese Gegend zwischen Lech und Ammer, die von der Milchwirtschaft geprägt ist und wo zahlreiche Bauern mit ihren Höfen, Milchkühen und Schafen für den Erhalt dieser einzigartigen und wichtigen Kulturlandschaft sorgen. Auf dem Milchweg geht es um das liebe Vieh, ums Futter und die Frage, warum die Gülle so riecht, wie sie riecht. Gerade bei Stadtkindern, die weit weg sind von der Lebensmittelerzeugung, wird Verständnis für die Landwirtschaft geweckt. Zudem gibt es Erklärungstafeln, ein Riesenmemory oder ein Quiz, bei dem man den Klang unterschiedlicher Kuhglocken erkennen muss. So wird aus dem 4,2 km langen Spazierweg eine spannende, lehrreiche Erlebnistour, die die ganze Familie in gute Laune versetzt – und die Appetit macht: Am Ende des Wegs wartet die Schönegger Käse-Alm. Hier können Besucher sehen und probieren, was man aus der Milch so alles machen kann. Sepp Krönauer, Heumilchbauer, Käsemeister und Inhaber der Schönegger Käse-Alm, begann 1988 auf seinem Bergbauernhof mit einer kleinen Schaukäserei und einem Hofladen. Heute wird reinste Heumilch von über 280 Lieferanten zu köstlichen Käseschmankerln verarbeitet und in rund zwei Dutzend Läden in Bayern verkauft. Besucher können sich zu einer deftigen Brotzeit niederlassen, neben Käse werden auch Wild- und Wurstspezialitäten gereicht. Die Schaukäserei ist von Mai bis Oktober jeden Donnerstag um 11 Uhr geöffnet, im August zusätzlich am Donnerstag.

- **Karte:** C7
- **Wo:** Treffpunkt an der Schönegger Käse-Alm, Steinwies 20, Prem, Tel. 0 88 62 / 98 01 17
- **Wann:** Führungen Anfang Juli–Mitte Sept., Mi um 9.30 Uhr
- **Wie viel:** 4 €, Kinder 2 €
- **Web:** www.pfaffenwinkler-milchweg.de und www.schoenegger.com
- **Sonstiges:** Käsespezialitäten aller Art zum Probieren und Kaufen in der Schönegger Käse-Alm

54 Kajaktouren auf der Ammer

In Peiting locken Naturgenuss und Wildwasserabenteuer

Es gibt Naturparadiese, die sich am besten mit dem Boot erkunden lassen. Eines der schönsten ist das Ammergebiet, wo auf anspruchsvolle Kajakfahrer rasante Wildwasserfahrten warten. Von seinem Quellbereich im Ammergebirge bei Oberammergau bis Rottenbuch hat sich der Wildfluss etwas beruhigt, der sich über Jahrtausende durch eine 100 bis 150 m tiefe Schlucht gefressen hat. Hier befindet sich die ideale Einstiegsstelle für die Paddeltour. Doch viel Zeit zum Eingewöhnen bleibt nicht, denn es geht mit der Strömung gleich flott dahin. Trotz der eher seltenen Ruhepassagen kann man die unberührte Naturlandschaft, durch die sich die Ammer schlängelt, und die vielen kleinen Details am Flussufer genießen. Gleichzeitig zeugt das Strand-

gut von den ungestümen Kräften, die der Fluss hier entfaltet.
Laufend verändert die Schlucht ihr Aussehen. Das Flussbett ist durch vielfältige Erosionsformen im anstehenden massiven Fels geprägt, wodurch immer wieder Naturstufen entstanden sind. Am Kalkofensteg finden sich die Kajakfahrer unvermittelt in der Zivilisation wieder. Bevor man sich an die Beschaulichkeit gewöhnt, wartet ein Wehr. Mit Schwung geht es flussabwärts. Die Ammerschlucht besteht aus zwei Teilen: Der Abschnitt vom Kammerl zur Rottenbucher Brücke ist anspruchsvoll und enthält schwierige Wildwasserpassagen. Die untere Ammer von der Rottenbucher Brücke bis zur Böbinger Brücke ist eine richtige Wildwasserfahrt und nur mit entsprechenden Kenntnissen zu empfehlen. Bei Niedrigwasser im Sommer wird die Befahrung gesperrt. Rote bzw. grüne Punkte an den beiden Einstiegsstellen signalisieren den Wasserstand. Übrigens heißt die Ammer nur im Oberlauf des Flusses so, danach bis zur Mündung in die Isar heißt sie Amper.

- **Karte:** C7
- **Wo:** Kammerl bis Rottenbucher Brücke (11,7 km)
- **Wann:** ganzjährig, je nach Witterungsbedingungen
- **Web:** www.kajaktour.de/ammer
- **Sonstiges:** generelles Fahrverbot unter einem Pegel von 72 cm

- **Karte:** C7
- **Wo:** 3 Strecken in unmittelbarer Umgebung von Wildsteig
- **Wann:** ganzjährig
- **Wie viel:** Stöcke gibt es für 2 € in der Tourist-Information vor Ort zu leihen.
- **Essen & Trinken:** Gasthof Post, Kirchbergstr. 43, Wildsteig, Tel. 08867/221, www.gasthof-post-wildsteig.de
- **Web:** www.wildsteig.de

55 Nordic-Walking-Touren um Wildsteig

Mit zwei **Stöcken** in schnellem **Schritt** über Stock und Stein

Wildsteig ist offizieller Nordic-Walking-Stützpunkt des DSV. Abwechslungsreiche, landschaftlich reizvolle Strecken mit 4,9, 8,9 und 14 km Länge bieten ideale Voraussetzungen für den Trendsport. Am Startpunkt unterstützt eine Hinweistafel mit Streckenplänen und Höhenprofilen bei der Auswahl der Strecke. Überall warten fantastische Ausblicke auf die Alpenkulisse. Beim Gehen mit Stöcken werden die meisten der rund 700 Muskeln des Körpers beansprucht, aber die Gelenke durch den Stockeinsatz um 30 Prozent entlastet. Der Puls kommt in Schwung, aber nicht in extreme Bereiche. Gleichzeitig verbrennt der Körper trotz der im Vergleich zum Laufen deutlich geringeren Belastung immer noch reichlich Fett: Rund 500 kcal verbraucht er dabei pro Stunde, 250 mehr als beim normalen Walken.

56 Wildsteiger Künstler- und Handwerkermarkt

Fundgrube für schöne Dinge zum Verschenken oder für daheim

»Bei uns sind die Winter lang, also wird gebastelt.« So simpel erklärt Heidi Wagner das Geheimnis der vielen künstlerisch begabten Mitbürger in Wildsteig. Sie selbst ist eine davon, und sie ist die Organisatorin des alle zwei Jahre (in »geraden« Jahren) stattfindenden Künstler- und Handwerkermarkts, bei dem der ganze Ort beteiligt ist. Für Besucher ist der Markt eine wahre Fundgrube für ein besonderes Weihnachtsgeschenk oder eine Dekoration für die Vorweihnachtszeit daheim. Der große Andrang und das überaus positive Echo sind für Heidi Wagner und ihre kreativen Mitstreiter Anerkennung und Ansporn zugleich. Heidi Wagner gehört zu den vielseitigsten unter den Wildsteiger Kunstschaffenden. Ihre Zeichnungen, Gemälde und Hinterglasbilder erzählen Geschichten aus ihrer Heimat. Eine Besonderheit sind die Klosterarbeiten. Es sind anmutige sakrale Filigran-Kunstwerke, Heiligenbilder, die mit Gold und Perlen verziert werden. Die Wurzeln der Klosterarbeiten gehen zurück bis ins Mittelalter zu den Frauenklöstern der verschiedensten Orden. Einige Ausstellungsstücke können Interessenten in der Gaststätte Zum Strauß bewundern oder nach telefonischer Anmeldung bei ihr daheim.

- **Karte:** C7
- **Wo:** Ortszentrum von Wildsteig
- **Wann:** alle 2 Jahre in der Vorweihnachtszeit.
- **Essen & Trinken:** Zum Strauß, Riedstr. 16, Wildsteig, Tel. 08867/372, www.gasthof-zum-strauss.de
- **Web:** www.wildsteig.de
- **Sonstiges:** Die Kunstwerke der Organisatorin Heidi Wagner sind in der Gaststätte Zum Strauß ausgestellt.

57 Auf dem Brettleweg zur Wieskirche

Durchs **Moor** zu einem der prächtigsten **Gotteshäuser** des Landes

Oft ist der Weg das Ziel. In diesem Fall haben es sowohl der Weg als auch das Ziel in sich: Der Marktplatz Steingaden ist Startpunkt zu einer Wanderung durch ein wunderschönes Hochmoorgebiet zur Wieskirche. Die Strecke, großteils mit Holzbohlen ausgelegt, trägt den Namen »Brettleweg«. Sie führt durch eine zauberhafte Natur, die zu allen Jahreszeiten ihre Reize hat. Es geht an Bächen und Moorseen entlang, durchs Tal und durch einen Hochwald, und dann, nach einem Waldstück, taucht sie auf: die Wieskirche. Auch wenn man sie von Bildern und Schilderungen gut zu kennen glaubt, ist der »Live«-Anblick von einer überwältigenden Wucht.

Erbaut wurde die Wieskirche zwischen 1745 und 1754 von den Brüdern Johann Baptist und Dominikus Zimmermann, beide geniale Stuckateure und Baumeister. Während der Bauphase kam Sand ins Getriebe, da die Baukosten – das Thema war damals so brisant wie heute – schnell außer Kontrolle gerieten. Aus den veranschlagten 39 000 Gulden wurden unfassbare 180 000 Gulden. Das Kloster Steingaden geriet in finanzielle Bedrängnis, von der es sich bis zu seiner Auflösung während der

Säkularisation 1803 nie mehr erholte. Zur drohenden Versteigerung oder einem Abriss kam es Gott sei Dank nie. So erfreuen sich heute rund eine Million Besucher an der prächtigen Barockkirche, die 1983 von der UNESCO zum Weltkulturerbe erhoben wurde. Bei Wanderern, die sich von diesem Bauwunder nicht losreißen können oder gemütlich einkehren wollen, schwindet möglicherweise die Lust auf die Wanderung zurück. Kein Problem, ein Bus verkehrt regelmäßig zwischen der Wies und Steingaden.

- **Karte:** C7
- **Wo:** ab Parkplatz nördlich des Marktplatzes in Steingaden
- **Wann:** ganzjährig
- **Essen & Trinken:** Einkehrmöglichkeiten bei der Wieskirche: Gasthof Schweiger, Tel. 0 88 62 / 5 00, Gasthof Moser, Tel. 0 88 62 / 5 03 und Café Anderl, Tel. 0 88 62 / 93 28 44
- **Web:** www.steingaden.de
- **Sonstiges:** Für den 10 km langen Rundweg sind ca. 3 Std. Gehzeit einzuplanen.

58 Ponytrekking

Spaß für Mensch und Tier

Im Sommer ist es so weit. Dann können Kinder zwischen 5 und 14 Jahren am Ponyhof Prem bei Steingaden die schöne Umgebung erkunden. Trekking heißt nicht nur reiten, sondern auch führen. Zuvor lernen die Kids viel über Pferde, dass sie Respekt, Sorgfalt und Liebe verdienen. Pflege, Putzen und Satteln der robusten und gutmütigen Kleinpferde gehören natürlich auch dazu. Ebenfalls im Angebot ist Geocaching, die moderne Form der Schnitzeljagd. »Chefin« auf dem Hof ist die Schriftstellerin Nicola Förg, die in ihren Allgäu- bzw. Oberbayern-Krimis (u. a. »Platzhirsch«) die Region zum Schauplatz ihrer Fälle macht.

- **Karte:** C7
- **Wo:** Ponyhof Prem, Karlsebene 2, Prem-Helmau, Tel. 08862/932351 oder 0171/5309866 oder 0173/2819007
- **Wann:** Ponytrekking Juli–Sept. und in den bayer. Schulferien Mi. 10 Uhr, Geocaching Juni–Sept. und in den bayer. Schulferien
- **Wie viel:** Ponytrekking 12 €, Geocaching 10 €
- **Web:** www.ponyhof-prem.de
- **Sonstiges:** Ferien auf dem Ponyhof im Haus Achim mit Schlaffass für Kinder

59 Heilpflanzengarten

Grünes Juwel neben dem Welfenmünster in Steingaden

Wer sich berühren lassen will von der Heilkraft der Pflanzen und der spirituellen Kraft des Labyrinths, wird sich im »Klostergarten St. Johannes« des einstigen Klosterdorfs Steingaden wie zu Hause fühlen. Das kleine Paradies gilt weit über die Dorfgrenzen hinaus als wohltuende Oase für alle Sinne. Ein Rundgang durch zwölf Themenkreise verbindet regionale Gartenkultur und umgebende Natur. Nach einer historischen Bildvorlage aus dem Jahr 1732 finden sich altbewährte Klosterheilpflanzen in zehn nach medizinischer Indikation geordneten und mit Buchs umfassten Beeten. Zentrum des Gartens ist ein gotisches Umlauflabyrinth. Ein harmonisches Miteinander von bunten Garten- und Wildblumen sowie Heilpflanzen, christlichen Symbolpflanzen und Pflanzen der Bibel.

- **Karte:** C7
- **Wo:** Kloster Steingaden, Auskunft über Gruppenführungen: Tourist Information, Krankenhausstr. 1, Steingaden, Tel. 08862/200
- **Wann:** Kirche geöffnet im Sommer tägl. 8–19 Uhr, in der Winterzeit: tägl. 8–16 Uhr
- **Web:** www.steingaden.de

60 Buchinger Herbstfest mit Viehmarkt

Ein sauberer **Kuhhandel**, der mit **Handschlag** besiegelt wird

Alljährlich findet am dritten Montag im September in Buching der traditionelle Viehmarkt auf dem Festplatz der Gemeinde Halblech statt. Inmitten des Krämermarkts und des Festzeltbetriebs mit Blasmusik und Allgäuer Schmankerl ist wie in längst vergangenen Zeiten ein reger Viehhandel im Gang, bei dem der Kauf mit Handschlag besiegelt wird. Zahlreiche Zuschauer säumen den Weg, wenn das geschmückte Vieh, begleitet von Vorreitern und der Musikkapelle Buching, vormittags auf den Marktplatz einzieht. Der Buchinger Viehmarkt ist einzigartig im Allgäu; nicht zuletzt wegen der eindrucksvollen Kulisse mit den zahlreichen Krämern, die ihre Waren feilbieten – vom Gamsbart über kunstvoll geschnitzte Edelweiß bis zu praktischen Alltagsgegenständen wie Kochlöffel, Pfeffermühlen, Töpfen oder Essgeschirr. Viele der Besucher, ob Einheimische oder von außerhalb, sind in Feiertagstracht gekleidet und fügen sich in das stimmungsvolle Bild ein. Im Festzelt trägt die Blasmusikkapelle ihren Teil zur guten Stimmung bei. Der Buchinger Viehmarkt ist seit vielen Jahren ein Highlight im Allgäuer Festkalender. Er bildet den Höhepunkt und Abschluss eines dreitägigen Festmarathons, der samstags mit der Rückkehr der Kühe von den Almen beginnt.

»Viehscheid« wird der Almabtrieb in dieser Gegend genannt: Denn die Kühe werden von der Alm zum Marktplatz des jeweiligen Ortes getrieben, und dann »scheidet«, also trennt der Hirte das Vieh aus der Herde. Jeder Bauer bekommt sein Vieh zurück und bringt es heim in den Stall.

Der farbenfrohe Schmuck der Kühe ist ein Zeichen dafür, dass der Almsommer ohne gravierende Unfälle oder sonstige Dramen verlaufen ist und Mensch und Vieh den Weg ins Tal wohlbehalten antreten konnten. Für den Kopfschmuck der Tiere werden traditionell verschiedene Alpenblumen, Zweige und Bänder verwendet. Eine besondere Rolle spielt dabei die Kranzkuh mit einem besonders großen, aufwendig gestalteten Kopfschmuck, oft mit einem Kreuz versehen, das für den Beistand der himmlischen Mächte sorgen soll, sowie Spiegel und Glocken, von denen man glaubt, dass sie Vieh und Menschen vom negativen Einfluss böser Geister bewahren können.

- **Karte:** C7
- **Wo:** Festmarkt in Buching
- **Wann:** Viehmarkt jeweils am 3. Mo im Sept., Beginn des Herbstfests 2 Tage zuvor
- **Essen und Trinken:** Restaurant Alpstuben Buching, Romantische Straße 16, Buching/Halblech, Tel. 08368/ 9148090, www.alpstuben-buching.de
- **Web:** www.halblech.de

61 Tandemflug über die Königsschlösser

Bitte Platz nehmen: Der **Pilot** lenkt, der **Passagier** genießt

Eine Warnung vorweg: Gleitschirmfliegen macht süchtig. Zu überwältigend ist das Gefühl, die Welt unter sich zu lassen, den Wind um die Nase zu spüren und frei wie ein Vogel über allem zu schweben. Bei einem Flug vom 1720 m hohen Tegelberg steigt der Fluggenuss ins Unermessliche. Schließlich öffnet sich aus der Vogelperspektive ein Traumblick auf die Lechtaler Alpen bis weit in die Ötztaler Alpen hinein, gekrönt von der Draufschau auf die Königsschlösser Neuschwanstein und Hohenschwangau. Die Passagiere sind in der Obhut eines erfahrenen Tandempiloten, der den Schirm sicher im Griff hat. Nach der Auffahrt zur Bergstation der Tegelbergbahn geht es zum nahe gelegenen Startplatz, wo das Gurtzeug angelegt wird und sich Pilot und Gast flugfertig machen. Nach nur drei Schritten hebt das Team vom Boden ab, und das Vergnügen kann beginnen. Rund 30 Minuten dauert der Flug. Einige Piloten fertigen gegen Aufpreis vom gesamten Flug einen Film an, der nach der Landung auf HD-Karte ausgehändigt wird. Ungeschnitten, unzensiert – es heißt also: die Angst im Zaume halten ...

- **Karte:** C7
- **Wo:** Flugschule Tegelberg, Sesselbahnstr. 8, Halblech-Buching, Tel. 08368/9143019, mobil 0151/22361777
- **Wann:** ganzjährig, Termine stark vom Wetter abhängig
- **Wie viel:** 145 €, Auffahrt mit der Bergbahn inbegriffen
- **Web:** www.abschweb.net
- **Sonstiges:** Gewichtsgrenze bei Gleitschirmpassagieren liegt bei 100–110 kg.

62 Klettersteig-Lehrpfad am Tegelberg

Das **Bergsportzentrum** Tegelberg für große und kleine **Klettermaxen**

Schwangaus Hausberg, der 1720 m hohe Tegelberg, bietet neben einem ausgedehnten Wanderwegnetz, das von einfachen Bergtouren bis hin zu anspruchsvollen alpinen Routen reicht, eine weitere Attraktion: das Bergsportzentrum Tegelberg. Es spricht nicht nur reine Alpinisten an, sondern ist auch auf pädagogische und therapeutische Angebote ausgerichtet. Das hebt das Bergsportzentrum von anderen Klettersteigen in den Alpen ab. Für sportliche und klettergeübte Familien empfiehlt sich der Gelbe-Wand-Steig, der nach einem kurzen Aufstieg von etwa 30 Minuten in 1200 m Höhe zu erreichen ist. Für

- **Karte:** C7
- **Wo:** Start ist die Mountain Lodge am Parkplatz der Tegelbergbahn. Buchung Tegelbergbahn, Tel. 0 83 62 / 9 83 60 oder Tourist Information Schwangau, Tel. 0 83 62 / 81 98 17
- **Wann:** Juli–Sept., jeweils Mi und Sa
- **Wie viel:** Einsteigerkurse 55 €, Kinder bis 15 J. 30 €; Leihausrüstung 20 € pro Tag
- **Essen und Trinken:** Berggaststätte Tegelberghaus, Tel. 0 83 62 / 89 80, www.tegelberghaus.de
- **Web:** www.tegelbergbahn.de und www.schwangau.de
- **Sonstiges:** Privatkurse buchbar unter www.privatbergfuehrer.de

ambitionierte Kletterer warten in der steilen Felswand zwei weitere Steige – der mittelschwere Tegelbergsteig und der anspruchsvolle Fingersteig für erfahrene Kletterer. Erste Anlaufstelle ist das Schulungs- und Informationsgebäude. In den Sommermonaten können Besucher eine individuelle alpine Beratung (Termininformation bei der Tourist Information von Schwangau, Tel. 0 83 62 / 81 98-0) für das Schwangauer Wandergebiet erhalten. Kompetente Bergführer informieren hier über die aktuellen Kletterverhältnisse und helfen mit vielen Tourentipps weiter. Für alle Alters- und Könnensklassen werden zweimal wöchentlich Kletterkurse angeboten. Auf dem leichten Klettersteig durch die Gelbe Wand sammeln vor allem Kinder und Anfänger erste Erfahrungen im Klettersteiggehen. Dieser Steig kann unter Anleitung von professionellen Bergführern auch für therapeutischen und pädagogische Maßnahmen genutzt werden, ebenso für Teambuilding und Management-Training.

63 Museum der bayerischen Könige

Spannende **Einblicke** in ein schillerndes Adelsgeschlecht: die **Wittelsbacher**

Für alle, die sich für Bayerns Geschichte interessieren und vom medialen Hype um Ludwig II. und seine Schlösser etwas genervt sind, gibt es in Schwangau seit 2011 eine würdige Anlaufstelle: das Museum der bayerischen Könige. Den Anstoß zu dem Museum hatte Franz Herzog von Bayern, das heutige Oberhaupt des Hauses Wittelsbach, gegeben. Ihn wurmte es, dass die Geschichte seiner Familie ständig auf Ludwig II. reduziert wurde. Der ideale Standort für das Museum der bayerischen

Könige war bald gefunden: das denkmalgeschützte, jahrzehntelang leerstehende Grandhotel Alpenrose mitsamt dem benachbarten Jägerhaus, am Ufer des idyllischen Alpsees gelegen. Ein dreischiffiges Stahlgewölbe überdacht die beiden Gebäude und macht den Komplex zu einer architektonischen Preziose. Vom »Saal der Königsschlösser«, in dem vor allem Maximilian II. und sein Sohn Ludwig II. im Brennpunkt stehen, geht es zum »begehbaren Stammbaum«, der die Geschichte einer der ältesten Dynastien Europas nacherzählt. Weitere Themen sind u.a. Kunst und Baupolitik, Könige im technischen Zeitalter sowie Monarchie und Gesellschaft.

Geradezu genial ist ein 21 m breites Panoramafenster, das linker Hand den Blick auf den Alpsee freigibt. Der verspiegelte Fensterrahmen hat einen kleinen Trick auf Lager: Er zeigt Schloss Hohenschwangau, das in Wirklichkeit hoch droben rechts auf dem Berg steht. Die perfekte Ergänzung zu diesem reichen Kultur- und Naturerlebnis ist eine Ruderbootfahrt auf dem Alpsee oder eine Seeumrundung zu Fuß – beides mit dem unwiderstehlichen Versprechen, weg vom Neuschwanstein-Besucherstrom zu sein.

- **Karte:** C7
- **Wo:** Alpseestr. 27, Hohenschwangau, Tel. 08362/9264640
- **Wann:** 1. April bis 30. Sept., 9–19, 1. Okt.–31. März, 10–18 Uhr
- **Wie viel:** 9,50 €, Kinder bis 12 J. frei. Familienkarte 19 €, Museum + Schlösser: 29,50 €, Tret- und Ruderbootmiete ab 6 € (1 Std.), Tel. 08323/52200
- **Essen und Trinken:** Alpenrose am See, Alpseestr. 27, Hohenschwangau, Tel. 08362/926466-0, www.hohenschwangau.de
- **Web:** www.museumderbayerischenkoenige.de und www.wassersportschule-oberallgaeu.de
- **Sonstiges:** Es werden auch Führungen für Familien durchgeführt.

64 Baumkronenweg

Füssen und das Umland aus der Wipfelperspektive

Das gibt's nur einmal in Deutschland: Auf dem Füssener Baumkronenweg können Besucher nicht nur herrliche Ausblicke auf den unten fließenden Lech und hinein in die umliegende Bergwelt genießen, sondern auch die Grenze nach Österreich überschreiten. 480 m ist der Pfad lang, auf dem man in 20 m Höhe bequem und völlig gefahrlos von Wipfel zu Wipfel läuft. Selbst Rollstuhlfahrer gelangen von beiden Seiten barrierefrei auf den Weg und können die Holzkonstruktion mit Durchgangsweite von komfortablen 1,80 m mit Begleitperson befahren.

- **Karte:** C7
- **Wo:** Tiroler Str. 10, Füssen, Tel. 083 62/9 38 75 50
- **Wann:** 1. Mai–31. Okt., tägl. 10–17, 1. Nov.–30. April Di–Do 10–16, Fr 10–13 Uhr
- **Wie viel:** Erwachsene ab 16 J. 4 €
- **Essen & Trinken:** Ruchti's, Alatseestr. 38, Füssen, Tel. 083 62/9 10 10, www.hotel-ruchti.de
- **Web:** www.walderlebniszentrum.eu
- **Sonstiges:** Themenwanderungen, Workshops

65 Krimiführungen »Seegrund« am Alatsee

Auf den Spuren des Allgäuer **Kultkommissars** Kluftinger

Fiese Machenschaften und gruselige Verbrechen im Allgäu? Ein klarer Fall für Kommissar Kluftinger, der dem Treiben mit unkonventionellen Ermittlungsmethoden früher oder später ein Ende setzt. Die Romane des Autoren-Teams Volker Klüpfel und Michael Kobr sind Bestseller – und die Führungen zu den Schauplätzen der Kluftinger-Romane sind Publikumshits. Bei der »Seegrund«-Führung zum geheimnisvollen Alatsee steht ein lebloser Taucher im Brennpunkt der Ermittlungen. Nun heißt es: Augen auf!

- **Karte:** C7
- **Wo:** Treffpunkt Wanderparkplatz am Ostufer des Weißensees. Anmeldung bei Füssen Tourismus und Marketing, Tel. 08362/93850
- **Wann:** Mai–Okt., Fr um 19.30 Uhr, Dauer ca. 2,5 Std., Juli/Aug., auch Di 19.30 Uhr
- **Wie viel:** 8 € bzw. 5 € mit FüssenCard
- **Essen & Trinken:** Hotel-Restaurant Alatsee, Am Alatsee 1, Füssen, Tel. 08362/6205, www.hotel-alatsee.de
- **Web:** www.fuessen-tourismus.de

66 Busradeln und Buswandern

In Füssen **einsteigen** und die Fahrt nach Belieben **unterbrechen**

Flexibler, komfortabler und genussvoller kann man die Romantische Straße nicht bereisen. Zwischen April und Oktober verbinden die Busse der Romantischen Straße Deutschlands bekannteste Ferienstraße mit den internationalen Gateways Frankfurt am Main und München. »Hop On – Hop Off« (Einsteigen – Aussteigen) heißt das bewährte Konzept, mit dem die Buspassagiere ihre Erlebnisreise entlang der Romantischen Straße ganz nach eigenem Wunsch gestalten können. Diese maximale Flexibilität kommt Radfahrern und Wanderern besonders entgegen. Füssen ist der südlichste Start- bzw. Endpunkt der Bustour. Ab Mitte April bis Ende Oktober startet der Bus täglich um 8 Uhr in Richtung Norden, macht einen Schlenker nach München, bevor es entlang der Romantischen Straße nach Norden geht. Zur selben Zeit macht sich ein Bus von Frankfurt aus auf den Weg in die Gegenrichtung. Der Busservice leistet auch deshalb besonders wertvolle Dienste, weil viele Orte entlang der Romantischen Straße nicht an das Schienennetz der Bahn angeschlossen sind. Selbst die Passagiere, die

- **Karte:** C7
- **Wo:** Startpunkt Füssen, Routen entlang der Romantischen Straße individuell kombinierbar
- **Wann:** Mitte April–Ende Okt.
- **Wie viel:** Busradeln z. B. 3-Tages-Tour mit 2 Ü/DZ. 281 €, 5 Tage 479 €, 7 Tage 677 €
- **Web:** www.romantischestrasse.de, www.romanticroadcoach.de
- **Sonstiges:** Die Fahrräder werden auf Wunsch zum Ausgangspunkt zurücktransportiert.

die Strecke an einem Tag »durchfahren«, bekommen bei den Stopps unterwegs viel vom Flair der Ferienstraße mit.

Wander- oder Radurlauber nehmen sich da in der Regel mehr Zeit. Sie können Reisedauer und Streckenabschnitte individuell festlegen, Unterkünfte im Voraus buchen und auf Wunsch das Gepäck transportieren lassen. Wer Rad- oder Wandertouren bucht, kann neben der Unterbringung in gemütlichen Hotels und Gasthäusern den Gepäcktransport zur nächsten Tagesetappe, eine Pannen-Notfallnummer und den Rücktransfer samt Rad und Gepäck zum Ausgangsort mit dem Bus in Anspruch nehmen. Zur genauen Orientierung sind außerdem die GPS-Daten für die gesamte Strecke kostenlos erhältlich.

Gut zu wissen

Beim historischen Umzug zur Feier des »Meistertrunks« in Rothenburg wird das Mittelalter lebendig.

Veranstaltungskalender

Februar

Pferdemarkt in Creglingen

Seit über 80 Jahren ist der zweite Mittwoch im Februar in Creglingen ein Festtag. Der Pferdemarkt bietet eine Mischung aus Pferdemarkttradition und einem regen Markttreiben, Pferdeprämierung inklusive.
www.creglingen.de

Mai

Landsberger Wiesn

Zünftig geht es auf dem Volksfest auf der Waitzinger Wiese zu. Historische und moderne Fahrgeschäfte, süße Verführungen, Steckerlfische, bayerische Schmankerl und würziges Bier lassen keine Wünsche offen.
www.landsberg.de

Markelsheimer Weinfest

Sie heißen Tauberschwarz, Schwarzriesling oder Acolon, Kerner, Rivaner oder Silvaner: die typischen Rebsorten des Taubertals. Besucher können die regionalen Weine nach Herzenslust verkosten.
www.bad-mergentheim.de

Kreuzgangfestspiele in Feuchtwangen

Bühnenklassiker und Musiktheater gelangen von Mai bis August im historischen Freilichttheater zur Aufführung: Molière, Lessing, Goethe, Schiller, Kleist und immer wieder Shakespeare. 2010 wurde eine neue Zuschauertribüne mit 511 gepolsterten Sitzen eingeweiht, die rundum den Blick auf den Kreuzgang freigibt.
www.kreuzgangfestspiele.de

Weinfest in Alt-Lauda

Drei Tage lang können Besucher bei diesem urigen Weinfest an Weinständen, in Lauben, Hinterhöfen und Kellergewölben edle Weine und kulinarische Spezialitäten genießen.
www.lauda-koenigshofen.de

Juni

Meistertrunk in Rothenburg

Alljährlich zu Pfingsten verwandelt sich Rothenburg ob der Tauber in eine Stadt zur Zeit des Dreißigjährigen Krieges. Dann feiern die historisch gewandeten Einwohner ihren Bürgermeister, der die Stadt 1631 mit seiner Trinkfestigkeit vor der Zerstörung bewahrte.
www.meistertrunk.de

Frankenfestspiele Röttingen

Von Juni bis August wartet die Veranstaltung mit einer großen Bandbreite an Genres auf: Musical, Ope-

rette, Schauspiel, Komödien bis hin zu Lesungen und Konzertabenden.
www.frankenfestspiele.de

Nördlinger Rosenmarkt

Alles rund um die Diva unter den Blumen: Das Angebot reicht von englischen und historischen Rosen, über Kübelpflanzen, Terrakotta und Rankhilfen, bis hin zu handgefertigtem Edelsteinschmuck aus Rosenquarz oder Rosenbegleitstauden aus biologischem Anbau.
www.noerdlingen.de

Donauwörther Inselfest mit historischem Fischerstechen

Die Fischerstecher haben eine lange Tradition in Donauwörth. Das Fest erinnert an die Ursprünge Donauwörths, das zur Zeit der Völkerwanderung eine Inselsiedlung war. Schauplatz ist die Altstadtinsel Ried.
www.donauwoerth.de

Juli

Altstadtfest Tauberbischofsheim

Am ersten Juli-Wochenende (Freitag bis Sonntag) steigt das Fest der Feste.

Bunte Kostüme vor alten Mauern bei den Feuchtwanger Kreuzgangfestspielen.

Dem Umzug der Vereine folgt der Anstich des eigens gebrauten Altstadtfest-Biers. Für Stimmung sorgen zahlreiche Musikkapellen, Bands, Duos und Alleinunterhalter.
www.tauberbischofsheim.de

Dinkelsbühler Kinderzeche

Bei dem historischen Kinder- und Heimatfest dreht sich alles um eine rührende Begebenheit aus dem Dreißigjährigen Krieg: Einer Gruppe von Kindern gelang es damals, die schwedischen Belagerer davon abzuhalten, die Stadt Dinkelsbühl zu zerstören und auszuplündern.
www.kinderzeche.de

Rainer Stadtfest

Traditionsgemäß verwandelt sich die Hauptstraße vom Schwabtor bis zum Bayertor in einen großen Biergarten mit kulinarischen Verführungen, Musik und Attraktionen.
www.rain.de

Gautrachtenfest in Halblech

Beim großer Festzug des Oberen Lechgauverbandes nehmen rund 4000 Trachtler teil.

St.-Ulrichsritt in Steingaden

Jeweils am 1. Sonntag nach dem St.-Ulrichstag am 4. Juli nehmen etwa 110 Reiter mit ihren prächtig geschmückten Pferden, Musikkapellen und rund 1500 Besucher am Ulrichsritt teil.
www.steingaden.de

Burg-Fest Harburg

Ritter, Landsknechte, Gaukler, Händler und Musikanten lassen in der Harburg das Mittelalter aufleben.
www.stadt-harburg-schwaben.de

Friedberger Zeit

Das zehntägige Altstadtfest entführt die Besucher in die Epoche zwischen 1680 und 1790. Nicht nur die Mitwirkenden, auch viele Besucher kommen im historischen Gewand und können sich Vorführungen verschiedener Handwerker, Vereine, Tanz- und Musikgruppen ansehen. Das Fest findet alle drei Jahre statt, das nächste Mal 2016.
www.friedberger-zeit.de

Festival »vielsaitig« in Füssen

Füssen, Wiege des europäischen Lauten- und Geigenbaus, geht bei diesem Festival mit der Verbindung von alter ernster mit moderner Musik und anderen Künsten neue Wege.
www.stadt-fuessen.de

September

Internationales Straßenmusikfestival Würzburg

Bei Europas größtem Straßenmusikfestival unterhalten 400 Künstler

aus aller Welt ihr Publikum mit Musik, Straßentheater, Tanz, Feuershows und Artistik.
www.stramu-wuerzburg.de

Kaltblutfohlenmarkt Rottenbuch

Auf Deutschlands größtem Kaltblutfohlenmarkt wechseln über 100 Fohlen die Besitzer. Festzeltbetrieb und Blasmusik garantieren zusätzlich gute Stimmung.
www.rottenbuch-boebing.de

Neuschwanstein-Konzerte Schwangau

Vom Barock bis zu Richard Wagner reicht der musikalische Bogen aus Kammer- und Orchesterkonzerten.
www.schwangau.de

Kirchweihfest

Ob sie nun Kärwe heißt wie in Weikersheim oder Kerwa wie in Schillingsfürst: Die ausgelassenen Volksfeste sind beliebt bei Jung und Alt.
www.weikersheim.de,
www.schillingsfuerst.de

November

Leonhardiritt in Schongau, Rottenbuch und Wildsteig

Prächtig geschmückte Pferde und Reiter in Festtagstracht finden sich in den Ortskernen ein. Höhepunkt der feierlichen Prozession ist die priesterliche Segnung der Pferde.

Dezember

Augsburger Christkindlesmarkt

Er ist einer der schönsten Weihnachtsmärkte und lässt sich bis ins Jahr 1498 zurückverfolgen. Auch anderswo an der Romantischen Straße finden Weihnachtsmärkte statt.
www.augsburgerchristkindlesmarkt.com

Weihnachtliche Stimmung auf dem Augsburger Rathausplatz.

Praktisches und Wissenswertes

Allgemeines

Zahlen und Fakten

Mit etwa fünf Millionen Gästeübernachtungen und einer zusätzlich vier- bis fünfmal so hohen Anzahl von Tagesbesuchern ist die Romantische Straße eine der beliebtesten Ferienstraßen Europas.

Sie beginnt am Main, führt vom Westen Frankens ins bayerische Schwaben, über ein Stück oberbayerisches Gebiet bis zum Alpenrand im Ostallgäu, wieder im Regierungsbezirk Schwaben. Die Straße erstreckt sich von Nord nach Süd über etwas mehr als 400 km von Würzburg bis nach Füssen und führt durch so reizvolle Gegenden wie das Taubertal, das Nördlinger Ries, Lechrain und den Pfaffenwinkel mit Voralpenland.

Die Romantische Straße wurde 1950 ins Leben gerufen, 28 Städte sowie größere und kleinere Orte sind an die Romantische Straße angeschlossen. Von großer historischer oder geologischer Bedeutung sind Würzburg (124 577 Ew.), Rothenburg ob der Tauber (10 898 Ew.), Dinkelsbühl (11 287 Ew.), Nördlingen (19 268 Ew.), Donauwörth (18 269 Ew.), Augsburg (272 699 Ew.), Friedberg (28 731 Ew.), Landsberg am Lech (27 841 Ew.), Schongau (11 719 Ew.) und Füssen (14 512 Ew.).

Anreise

Wer von Würzburg nach Füssen oder in umgekehrter Richtung fährt, muss nicht unbedingt das eigene Auto benutzen. Die Busse der Romantischen Straße verbinden täglich von April bis Oktober die Orte der Ferienstraße in beiden Richtungen miteinander. Besucher der Romantischen Straße, die mit dem Flugzeug anreisen, können von den Flughäfen Frankfurt am Main und München die Busse bequem erreichen und ihre Reise beginnen. Auch mit der Deutschen Bahn lässt sich die Anreise planen: Alle größeren Orte verfügen über einen Bahnanschluss und sind an das regionale Liniennetz des öffentlichen Personennahverkehrs gekoppelt. Anschluss an das ICE-Streckennetz der Deutschen Bahn ist in Augsburg und Würzburg gegeben. Auskünfte und Buchungsmöglichkeit sind in allen Vorverkaufsstellen der Deutschen Bahn bzw. im Reisebüro mit DB-Lizenz erhältlich.

Von den internationalen Flughäfen München und Frankfurt erreicht man die Region mit dem (Leih-)Wagen: von München aus über die A8 Augsburg, von Frankfurt kommend über die A3 Würzburg, dann folgt man den braunen Schildern »Romantische Straße«.

Essen und Trinken

Entlang der Romantischen Straße kommt das Beste aus den Küchen Frankens, Baden-Württembergs oder Schwabens und Oberbayerns auf den Tisch. Jede Regionalküche hat ihre typischen Spezialitäten: Seien es in Franken die Bratwürste oder knusprig gebratenen Schäufele, in Baden-Württemberg Maultaschen oder herzhafte Braten mit handgeschabten Spätzle. Bayerisch-Schwaben punktet mit Lamm- und Wildspezialitäten und Oberbayern mit deftigen Rind- und Schweinefleischgerichten. Saisonal kommt in allen Regionen Fisch oder Wild in unterschiedlichsten Zubereitungen auf den Teller. Die Gastronomie setzt auf frische heimische Produkte.

Zu all diesen Köstlichkeiten gibt es die passenden Getränke, vorzugsweise Wein und Bier. Der nördliche Teil der Romantischen Straße ist von Weinanbaugebieten überzogen, vor allem die Gegend um Würzburg und das liebliche Taubertal mit seiner 1000-jährigen Weinanbau-Tradition. Die wichtigsten Rebsorten bei den Weißweinen sind der Müller-Thurgau und der Silvaner, gefolgt von Riesling, Burgunder, Kerner und Bacchus. Bei den Rotweinen ist die Hauptrebsorte der Schwarzriesling. Angebaut werden auch Spätburgunder und Dornfelder. Eine autochthone, also eine nur hier vorkommende Spezialität ist die Rebsorte Tauberschwarz.

Ein ebenso gutes Renommee haben die Biere, die in den Regionen entlang der Romantischen Straße gebraut werden. International bekannt ist das Fürstliche Brauhaus Wallerstein. Hier wird auch der »Fürst Wallerstein Romantische Straße Zwickel« abgefüllt, ein helles Kellerbier, naturbelassen und vollmundig im Geschmack.

Tourismusorganisationen

Romantische Straße Touristik-Arbeitsgemeinschaft GbR,
Segringer Str. 19, 91550 Dinkelsbühl,
Tel. 09851/551387,
www.romantischestrasse.de
www.romanticroad.de
www.romanticroadcoach.de

Würzburg Congress Tourismus Wirtschaft,
Tel. 0931/372335,
www.wuerzburg.de
Tauberbischofsheim Tourist-Information, Tel. 09341/80333,
www.tauberbischofsheim.de

Lauda-Königshofen Tourist-Information, Tel. 09343/501128, www.lauda-koenigshofen.de
Bad Mergentheim Tourist-Information, Tel. 07931/574815, www.bad-mergentheim.de
Weikersheim Städtisches Kultur- und Verkehrsamt, Tel. 07934/10255, www.weikersheim.de
Röttingen Tourist-Information, Tel. 09338/972855, www.roettingen.de
Creglingen Touristinformation, Tel. 07933/631, www.creglingen.de
Rothenburg Tourismus Service, Tel. 09861/404800, www.rothenburg.de
Schillingsfürst Info-Center, Tel. 09868/222, www.schillingsfuerst.de
Feuchtwangen Tourist-Information, Tel. 09852/90455, www.feuchtwangen.de
Dinkelsbühl Touristik Service, Tel. 09851/902440, www.dinkelsbuehl.de
Marktgemeinde **Wallerstein**, Tel. 09081/27600, www.markt-wallerstein.de
Nördlingen Tourist-Information, Tel. 09081/84116, www.noerdlingen.de
Harburg Verkehrsamt, Tel. 09080/969924, www.stadt-harburg-schwaben.de
Donauwörth Städtische Tourist-Information, Tel. 0906/789151, www.donauwoerth.de
Stadt **Rain**, Tel. 09090/7030, www.rain.de
Regio **Augsburg** Tourismus, Tel. 0821/502070, www.augsburg-tourismus.de
Friedberg Touristinformation, Tel. 0821/6002611, www.friedberg.de
Landsberg am Lech Tourist-Info, Tel. 08191/128246, www.landsberg.de
Hohenfurch Tourismus-Information, Tel. 08861/9081798, www.hohenfurch.de
Schongau Tourist Information, Tel. 08861/214181, www.schongau.de
Peiting Tourist-Information, Tel. 08861/6535, www.peiting.de
Rottenbuch Tourist-Info, Tel. 08867/911018, www.rottenbuch.de
Wildsteig Tourist-Information, Tel. 08867/912410, www.wildsteig.de
Steingaden Tourist-Information, Tel. 08862/200, www.steingaden.de
Halblech Tourist-Information, Tel. 08368/285, www.halblech.de
Schwangau Tourist-Information, Tel. 08362/81980, www.schwangau.de
Füssen Tourist-Information, Tel. 08362/93850, www.fuessen.de

Quickfinder – alle Tipps auf einen Blick

Der Norden

01 Museum im Kulturspeicher (Würzburg)	•	•		
02 Nähcafé Edeltraud (Würzburg)	•			
03 DAV Kletterzentrum (Würzburg)				
04 Stadtstrand am Main (Würzburg)	•			
05 Altstadtrundgang mit dem Turmwächter (Tauberbischofsheim)			•	
06 Bauernhofmuseum Distelhausen		•	•	
07 Der Fränkische Main-Tauber-Radachter	•			•
08 Vintasticum – Verführung der Sinne (Lauda-Königshofen)	•		•	
09 Übernachten im Weinfass (Bad Mergentheim)	•			
10 Segway-Stadttouren (Bad Mergentheim)	•			
11 Kartbahn Burgpark Ring (Bad Mergentheim)				
12 Schlosstour für »Vater und Sohn« (Weikersheim)		•		
13 Nordic Walking (Weikersheim)			•	
14 Auf dem Sonnenuhren-Weg (Röttingen)				
15 Weinmuseum auf Burg Brattenstein (Röttingen)	•	•	•	
16 Historische Schäferei (Creglingen)				
17 Keltisches Oppidum Finsterlohr-Burgstall (Creglingen)			•	
18 Fingerhutmuseum (Creglingen)		•		
19 Rundgang mit dem Nachtwächter (Rothenburg ob der Tauber)			•	
20 Im Heißluftballon über das Taubertal (Rothenburg ob der Tauber)				
21 Rothenburger Kriminalmuseum		•		
22 Flugvorführung im Fürstlichen Falkenhof (Schillingsfürst)				
23 Historische Ochsentretanlage (Schillingsfürst)		•		

					•			•	•	•
							•	•		
					•	•		•		
			•	•	•	•				
		•			•		•			
		•			•					
•										
							•	•		
		•			•		•			
		•						•		
					•	•		•		
		•			•			•	•	
					•	•				
		•			•				•	•
					•					
		•			•			•		
		•			•					
					•			•	•	•
		•			•					•
		•			•					
					•			•	•	•
•					•			•		•
		•			•			•		

Die nördliche Mitte	24 Zu Pferde zwischen Main und Donau			•	
	25 Angeln am Hofweiher (Feuchtwangen)	•			
	26 Stadtrallye für Kinder (Feuchtwangen)		•		
	27 Wandern nach Segringen (Dinkelsbühl)			•	•
	28 Fisch-Ernte-Woche (Dinkelsbühl)	•			
	29 Bierführung im Fürstlichen Brauhaus (Wallerstein)	•			
	30 Wandern zum Wallersteiner Felsen (Wallerstein)			•	
	31 Auf Lauschtour in die Vergangenheit (Nördlingen)				
	32 Von Krater zu Krater				•
	33 Bayerisches Eisenbahnmuseum (Nördlingen)		•		
	34 Kanufahren auf der Wörnitz (Donauwörth)				
	35 Zu Fuß von der Harburg nach Eisbrunn	•		•	
	36 Spaß auf acht Rollen (Donauwörth)				
	37 Historische Zillenfahrten (Donauwörth)				
	38 Naturlehrpfad im Dehner Blumenpark (Rain)	•			
	39 Rundflüge über Rain)				
Die südliche Mitte	40 Fugger und Welser Erlebnismuseum (Augsburg)		•		
	41 Stadtführung Jakob Fugger höchstpersönlich (Augsburg)				
	42 Der Fugger'sche Nachrichtendienst (Augsburg)				
	43 Wasserski und Wakeboarden (Friedberg)	•			
	44 Reiterlebnis mit Islandpferden (Friedberg)				
	45 Rafting auf dem Lech (Landsberg)	•			
	46 Uhrenführung durch Landsberg				
	47 Beim Bildhauer (Hohenfurch)				
	48 Trend Weitwandern	•		•	
	49 Durch Schongau mit der Henkerstochter	•			
	50 E-Biken im Pfaffenwinkel				
	51 Rundflug im Ultraleicht-Flugzeug (Peiting)				

		•			•	•				
				•	•				•	
		•			•					
•		•			•					
			•		•					
					•			•		
		•			•					
		•			•					
•		•			•					
		•			•					
				•	•	•				
	•				•					
					•	•		•		
				•	•					
		•							•	•
		•			•					
					•			•		
		•	•		•					
		•	•		•					
				•	•	•				
					•	•				
				•		•				
		•			•				•	•
		•						•		
		•			•				•	•
•					•					
		•			•	•				

Die südl. Mitte	52 Wandern durch die Ammerschlucht (Peiting)	•		•	
	53 Pfaffenwinkler Milchweg (Rottenbuch)	•		•	
	54 Kajaktouren auf der Ammer (Rottenbuch)				
	55 Nordic-Walking-Touren um Wildsteig			•	
	56 Wildsteiger Künstler- und Handwerkermarkt	•			
Der Süden	57 Brettleweg zur Wieskirche (Steingaden)			•	
	58 Ponytrekking (Steingaden/Prem)				
	59 Heilpflanzengarten (Steingaden)	•			
	60 Buchinger Herbstfest mit Viehmarkt	•			
	61 Tandemflug über die Königsschlösser (Halblech-Buching)				
	62 Klettersteig-Lehrpfad Tegelberg (Schwangau)				
	63 Museum der bayerischen Könige (Schwangau)	•	•	•	
	64 Baumkronenweg (Füssen)	•		•	
	65 Krimiführungen am Alatsee (Füssen)	•			
	66 Busradeln und Buswandern	•		•	•

Lesetipps zur Romantischen Straße

Augsburg – ein starkes Stück Schwaben

Stadt der Fugger und Welser, Stadt Bert Brechts und Leopold Mozarts, Stadt der Puppenkiste und die Stadt, in der die spätere Kaiserin Sisi ihr erstes Geld verdiente ... Augsburg hat viele Gesichter. Die Autorin entführt die Leser zu ihren Lieblingsplätzen in Augsburgs und zeichnet ein facettenreiches, liebevolles Porträt ihrer Heimatstadt.

Lilo Solcher, Gmeiner 2013, 192 S., 14,99 €

Seegrund

Kommissar Kluftinger löst in »Seegrund« seinen dritten Fall: Am Alatsee bei Füssen wird am Ufer ein lebloser Taucher gefunden. Die vermeintliche Blutlache entpuppt sich als rote Substanz aus dem See, und der leblose Taucher ist nicht so leblos, wie Kluftinger zunächst glaubt. »Seegrund« gibt es auch als Hörbuch, von dem Autoren-Duo selbst gelesen.

Michael Kobr und Volker Klüpfel, Piper 2006, 340 S., 8,50 €

		•			•					
		•			•					
				•		•				
		•			•	•				
		•			•		•			
		•			•					
	•				•	•				
		•			•					•
	•		•		•		•			
		•				•				
					•	•				
				•	•		•			
		•			•					
		•		•						
		•			•			•		

111 Orte in und um Würzburg, die man gesehen haben muss

Vorbei die Zeiten, in denen Würzburg schlicht das »Weinfass an der Autobahn« war. Heute zählt die Stadt am Main mit etwa vier Millionen Besuchern jährlich zu den angesagtesten Zielen in Deutschland. Neben den allseits bekannten Flaggschiffen wie Residenz, Festung und Dom gibt es in der Mainfranken-Metropole weit mehr, was es sich lohnt zu entdecken: 111 Orte nämlich.

Bernhard Horsinka, Emons, 240 S., 14,95 €

Scheunenfest

Im Ammertal brennt eine Tenne lichterloh, ein grusliges Brandskelett ragt schließlich in den Nachthimmel. Aber es kommt noch schlimmer: Im alten Silo werden zwei verkohlte Leichen entdeckt. Ein Fall, der vorerst sechste, für das bewährte Allgäuer Kommissarinnenduo Irmi Mangold und Kathi Reindl. Krimi-Autorin Nicola Förg lebt mit ihrer Familie und ihren Ponys auf einem Hof bei Prem, auf dem Kinder auch ihren Urlaub verbringen können (siehe Tipp 58).

Nicola Förg, Piper, 320 S., 16,99 €

... zu guter Letzt

Romantische Straße von Japan bis Brasilien

Die älteste deutsche Ferienstraße hat nicht nur Millionen Fans, sondern auch Nachahmer in der ganzen Welt gefunden. So gibt es in Japan, auf der größten Insel Honshu, die Romantische Straße, 350 km lang und mit 27 Mitgliedsorten. Auch in Korea gibt es seit 2009 die »Romantische Straße Koreas« nach deutschem Vorbild. »Rota Romântica« heißt das Pendant in Brasilien. Die Straße führt auf einer Länge von knapp 200 km durch den südbrasilianischen Bundesstaat Rio Grande del Sul.

Die Rota Romantica in Brasilien

Bernhard Langer und die Wiege seines Erfolgs

Einige der schönsten Greens in Deutschland entlang der Romantischen Straße laden zum Golfspielen ein. Auf einem, dem Golf-Club Augsburg, begann die Karriere von Bernhard Langer, der zu den erfolgreichsten Golfern aller Zeiten zählt.

Golfplätze Romantische Straße:

Golf Club Würzburg, Am Golfplatz 2, 97084 Würzburg, www.golfclub-wuerzburg.de

Golf Club Bad Mergentheim, Erlenbachtalstr. 36, 97999 Igersheim, www.golfclub-badmergentheim.de

Golfpark Rothenburg-Schönbronn, Schönbronn 1, 91592 Buch am Wald, www.golfpark-rothenburg.de

Golfpark Romantische Straße, Seidelsdorf 65, 91550 Dinkelsbühl, www.golfpark-romantische-strasse.de

Golfclub Donauwörth, Lederstatt 1, 86609 Donauwörth, www.gc-donauwoerth.de

Golf-Club Augsburg, Engelshofer Str. 2, 86399 Bobingen-Burgwalden, www.golfclub-augsburg.de

Weitere Infos zum Thema Golfsport an der Romantischen Straße:
Böhme event Marketing GmbH, Oberer Stadtweg 28, 86391 Stadt-

bergen, Tel.: 08238/961012, www.golf-romantisch.de, info@boehme-event.de

Mit und ohne Rückenwind Radfernweg D9

Auf einer Länge von 460 km verläuft parallel zur Romantischen Straße der Radfernweg D9 auf schwach befahrenen Nebenstrecken, Ortsverbindungsstraßen und Waldwegen. Die immer beliebter werdenen E-Bikes mit ihrem »eingebauten Rückenwind« machen ausgedehnte Radurlaube auch für jene interessant, die vor den konditionellen Anforderungen langer Strecken bislang zurückschrecken.

Christkind ganzjährig – Käthe Wohlfahrt Weihnachtsmuseum

In Rothenburg ob der Tauber kommt man auch im Hochsommer in weihnachtliche Hochstimmung. In Käthe Wohlfahrts Weihnachtsdorf entzücken rund 30000 Artikel, wie Schwingbogen, Räuchermännchen, Nussknacker, Sterne, Kugeln, Engelshaar, Besucher rund ums Jahr.

Villa Rustica in Peiting

1956 entdeckten Archäologen ein römisches Landgut aus dem 2. Jh. n. Chr. Die Villa besaß Fußbodenheizung, Badehaus, Doppelglasfenster und Wandmalerieien – offenbar die Residenz einer reichen Familie.

Der Alltag auf einem antiken Landsitz wird in der Villa Rustica erlebbar.

Liebe Leserinnen und Leser,
vielen Dank, dass Sie sich für einen Titel aus unserer Reihe MERIAN *aktiv* entschieden haben. Wir freuen uns, Ihre Meinung zu diesem Reiseführer zu erfahren. Bitte schreiben Sie uns an **merian-aktiv@travel-house-media.de**, wenn Sie Berichtigungen und Ergänzungen haben – und natürlich auch, wenn Ihnen etwas ganz besonders gefällt.
Alle Angaben in diesem Reiseführer sind gewissenhaft geprüft. Preise, Öffnungszeiten usw. können sich aber schnell ändern. Für eventuelle Fehler übernimmt der Verlag keine Haftung.

BEI INTERESSE AN DIGITALEN DATEN AUS DER MERIAN-KARTOGRAPHIE:
kartographie@travel-house-media.de

BEI INTERESSE AN MASSGESCHNEIDERTEN MERIAN-PRODUKTEN:
Tel. 0 89/4 50 00 99 12
veronica.reisenegger@travel-house-media.de

IN KOOPERATION MIT Romantische Straße

TRAVEL HOUSE MEDIA

Ein Unternehmen der
GANSKE VERLAGSGRUPPE

BEI INTERESSE AN ANZEIGEN:
KV Kommunalverlag GmbH & Co. KG
Tel. 0 89 / 9 28 09 60

TRAVEL HOUSE MEDIA
Postfach 86 03 66,
81630 München
merian-aktiv@travel-house-media.de
www.merian.de

PROGRAMMLEITUNG Dr. Malva Kemnitz
PROJEKTLEITUNG Simon Pause
REDAKTION/LEKTORAT Daniel Hoch
BILDREDAKTION Daniel Hoch
SCHLUSSREDAKTION Karin Leonhart
SATZ/LAYOUT Cordula Schaaf
REIHENGESTALTUNG Eva Stadler
KARTEN Gecko-Publishing GmbH für MERIAN-Kartographie
DRUCK UND BINDUNG Firmengruppe APPL, aprinta druck, Wemding

1. Auflage

PEFC
PEFC/04-32-0928

BILDNACHWEIS
Cover: huber-images.de/Stadler Otto; 2, 40, 54, 55, 63, 88, 89, 94, 97, 109: Mila Pavan; 6, 8, 11, 12, 30, 108, 119: Romantische Straße Touristik-Arbeitsgemeinschaft GbR; 9l, 21, 27, 41, 45: Peter Frischmuth/argus; 9r: © huber-images.de/Schmid Reinhard; 14: Andreas Hub; 15: picture alliance/Arco Images GmbH; 16: Christoph Ulherr; 17: Kletterzentrum Würzburg © Daniel Hoffmann; 18: Stadtstrand Würzburg; 20: Touristinfo Tauberbischofsheim; 22: Andreas Hub/laif; 24: Weingut Benz; 25: Weingut Benz; 26: Jakobshof Lehr; 28: Fotolia © Christophe Fouquin; 29: Burg-Park-Ring Bad Mergentheim; 32: Getty Images/gaspr13; 33: Stadtmarketing Röttingen © Dr. Michael Gura; 34: Stadtmarketing Röttingen; 36: Historische Schäferei; 37: Historische Schäferei; 39: Creglingen; 42: Fotolia © Happy-Ballooning; 44: avenue images © Peter Widmann; 46: photopool/Frank Boxler; 48: Reiterhof Fraunholz; 49: Reiterhof Fraunholz; 50: jalag syndication/Peter Blaha; 51: Chromorange/vario images; 52: Bildagentur-online/Forkel; 53: Bildagentur-online/Forkel; 56: Geopark Ries; 58: picture alliance/dpa; 59: Ferienland Donau-Ries e.V.; 60: Bayerisches Eisenbahnmuseum © Holger Graf; 61: Bayerisches Eisenbahnmuseum © Holger Graf; 62: Fotolia © Fotofreundin; 64: © huber-images.de/Leimer Rudolph; 65: Getty Images © Tom King; 66: Archiv der Donauwörther Fischerstecher; 67: Archiv der Donauwörther Fischerstecher; 68: Blumenpark Creglingen; 69: Marc Ulm; 70: Regio Augsburg Tourismus GmbH; 71, 72, 73, 115: Regio Augsburg Tourismus GmbH; 74: Chill-and-wake; 75: Fotolia © lichtreflexe; 76: Wind and Weather; 78: © huber-images.de/Schmid Reinhard; 79: Fotofinder © W. Filser; 80: Egon Stöckle © Tom Schmid; 81: © huber-images.de/Schmid Reinhard; 82: Schongau; 84: Schongau; 85: fotopreller; 86: Luciano Gaudenzio/SIME/Bildagentur Schapowalow; 87: Eisele Photos/Reinhard Eisele; 90: a1pix/AAA/Jürgen_Lehr; 92: shutterstock © Blazej Lyjak; 96: Ponyhof Prem; 98: Halblech; 99: Halblech; 100: © Okapia/imagebroker/Martin Moxter; 102: Hannes Bruckdorfer; 104: © www.f1 online.de/parasola; 106: Füssen; 107: imagebroker/vario images; 110: Rothenburg o.d. Tauber; 113: Kulturbüro Feuchtwangen © Forster; 126: Associação Rota Romântica © Sabrina Schuster; 127: Peiting